走进培智教育现场 2

生态导向课程教学实务

李宝珍　戴玉敏　主　编

重庆大学出版社

图书在版编目（CIP）数据

走进培智教育现场.2,生态导向课程教学实务 / 李宝珍,戴玉敏主编.--重庆:重庆大学出版社,2021.7

特殊儿童教育康复培训教材

ISBN 978-7-5689-2579-2

Ⅰ.①走…　Ⅱ.①李…②戴…　Ⅲ.①儿童教育—特殊教育—课程—教学研究　Ⅳ.①G764

中国版本图书馆 CIP 数据核字（2021）第 131801 号

走进培智教育现场 2

生态导向课程教学实务

李宝珍　戴玉敏　主编

策划编辑:陈　曦

责任编辑:陈　曦　赵璐辰　　版式设计:张　晗

责任校对:王　倩　　　　　　责任印制:张　策

*

重庆大学出版社出版发行

出版人:饶帮华

社址:重庆市沙坪坝区大学城西路 21 号

邮编:401331

电话:(023) 88617190　88617185(中小学)

传真:(023) 88617186　88617166

网址:http://www.cqup.com.cn

邮箱:fxk@ cqup.com.cn（营销中心）

全国新华书店经销

重庆华林天美印务有限公司印刷

*

开本:787mm×1092mm　1/16　印张:11.75　字数:169 千

2021 年 7 月第 1 版　　2021 年 7 月第 1 次印刷

ISBN 978-7-5689-2579-2　定价:48.00 元

序

——来自生态的呼唤

李宝珍

20 世纪 60 年代，美国卡森（Rachel Carson）女士撰写的《寂静的春天》，描述了一个因为农药 DDT 的发明使得原本鸟虫齐鸣的春天寂静无声的故事。 21 世纪，人类科技文明更加发达，危害生态的已不止 DDT，许多人类能意识到的或意识不到的现代化生活形态都在一点一滴地剥夺我们和自然的感情。 春天早已寂静，生活在都市中的人们，从来不知春天的样子。 一位在大都市长大的女老师到我们受评山庄参加培训班，看到满天星斗时，竟说："我从来没有真正看过天上的星星！"为了生活，人们早已离生活太远！

当人类还在使用镰刀锄头向大地索取食物时，除非遇上荒年，否则不会饿死人的。 但今天人类学会科学种田，不怕干旱时，却纷纷离开土地，涌向城市。 在城市中，人们失去了自我生存的能力；在现代化社会中，人们失去了向大自然讨生活的能力！ 但是解决问题的途径，还是以如何刺激消费需求、加大投资、增加就业机会，使更多人能在都市中找到一席之地为主！ 似乎简朴劳动，回归自然的思想会把科技文明及经济发展一脚踢开，以至于把人类拉回蛮荒时代！ 没有人真正去探讨这样的文明趋势符合谁的利益，探讨什么叫文明，什么叫进步。

科技无罪？《砂地郡励志》作者李奥波（Aldo Leopold）曾说："如果一项科技无法协助人类与环境更加融洽相处就不是好科技！" 1992 年，联合国环境与发展大会提倡各行各业的发展都必须"建立在环境的永续发展上"。换句话说，人类各项作为的最高目标，是促进人在一个永续发展的环境中能永续发展，"人"怎样才能永续发展？"环境"怎样才能永续发展？ 我们可以从生态学得到一些启示：

（1）大地之母（地球）是一个能自我生养的有机体，由万物构成的一个完整系统。

（2）生命的多样性保障了地球生态的完整和谐，以至于生生不息。

（3）生命的演化不是来自竞争，而是来自调适与平衡，达到共生共荣，向更高的形式进化。

（4）任何生命皆是生态圈中重要的一环，它能促使生态自然地循环不息，失去任何一环都是一场未可知的冒险。

（5）人类是地球上唯一会反思的生物，他的每一项作为都必须谨慎地评估对环境生态的影响，而不是抱着"人类科技能做到的事，不去做就是罪过"的自大想法。只有最大限度地亲近自然、尊重自然，才能找到和自然共存共荣的永生之路。

永续发展并不是生态保护的专利，它是人与环境奋斗多年的觉悟，预约了人与他所生存的环境互动的成果，也赋予环境中所有人事物的重要定位，形成环境中所有人的行为准则。 在这种生态化的思维中，特殊教育是否符合这一波人类适应环境的新形势呢？

20 世纪前期的特殊教育强调个别化、专业化，它那积极进取、目标导向的教育策略是否促成了特殊需要人士与其生存环境的永续发展？ 在经济起飞的年代，政府和民间机构投入许多特殊教育的资源，竭尽全力地教导特殊需要学生。 特殊教育教师、专业治疗团队、科技辅具、就业辅导员……结合成一股专业的力量支持特殊学生就学、就业，然后我们看到这批大家集中心力培养的青年，在十七八岁就开始早出晚归，加班加点地工作。 一般他们能获得的工作职位都不高，工作环境都不优美，没有健康惬意的休闲生活，没有真心的友情及爱情，人们还要标榜他们认真尽责、任劳任怨、不请假、不罢工，这就是他们追求的人生吗？ 一旦经济萧条、经费紧缩，他们的境况又如何？ 专业人员裁减，协助性的支持消失，他们能在工作岗位上永续发展吗？ 他们生活的环境中有继续支持他们的力量吗？ 如果特殊教育的作为不能达成学生和他生存环境的永续发展，那它是否也违反了生态的法则？

向阳儿童发展中心（简称"向阳"）也曾在没有生态意识的情况下，认真地进行特殊教育数年，结果是：造就了一批非常专业化的教师，以及一批无法脱离这批专业老师独立生活的学生。 在学校丰富的教学资源支持下，学生得以有序地学习。 一旦毕业，头两年还能保有特殊教育的余热，之后就越退化，可以说除了学校，没有他们可以继续发展、成长的地方，难道向阳必须继续办高中班、大专班、就业班……

这本七周年专辑描述了向阳近年来教育观念的转变。 1999 年出版的《特教之美》总结了向阳开办前三年的标准化的特殊教育模式。 当专辑出版日，也是向阳重新出发时，从台湾带来的"生活核心课程模式"功成身退，在江津本地探索的"生态化课程"开始上路！ 特殊教育转向一个不精确的、充满游戏味道的幽径。 我们不能真切地说出它的道理，也不能确定地指出它的正途，只能分享我们漫游其中的心情，吐露些许自然赐与的天机。 向阳儿童发展中心的七周年专辑，是一个生态课程诞生的故事。 这个故事是向阳的老师、学生、家长共同编织出来的，我们还看不到它的结局，但是它确实影响到了故事中每个人的生活。 因此，我们必须努力地使这个故事越编越美，这就是生态化课程的特质：它是人与环境互动的过程，它是不断演进的情境，它是自发的，它是动态的，它是协商的，它是创生的，它是活生生的！

这本向阳的课程叙事包括：

理论篇 是对向阳生态化课程的理论探讨，虽然我们处在一个权威失势的后现代，任何人都能在工作中建构理论，但我们还是想听听"他者"对"生态"的看法，即由重庆师范大学课程与教学实验室的张文京教授引介，向阳李宝珍老师自剖，希望能把和生态课程有关的一些概念阐述清楚。 值得一提的是向阳一向重视与学术单位的年轻研究人员合作，曾于三周年专辑设计了辽宁师范大学特殊教育研究所的研究生对一线教师的专访，此次七周年专辑也延续传统，特邀了重庆师范大学四位特教研究生参加向阳老师们生态课程的讨论会，希望研究人员从旁观者的角度审视这种课程模式的特点，并将其写成了"侧记"，谢谢他们四位。

教学篇 由李宝珍执笔，详述向阳生态课程的实施模式，从课程的理念、目标、内容，谈到活动设计的方法。 需要注意的是对个别化教育计划（IEP）的评论。 从生态观点来说，学生的成长反而不是 IEP 可以预料及限制的，那么 IEP 有什么用呢？ 以前生活核心课程模式的教学主题是从学生的 IEP 中形成的，教学谨守 IEP 的契约，但生态模式的教学主题是在环境中衍生的，它和 IEP 的关系是什么？ 请看教学篇的介绍。

体验篇 这是和学生一起体验课程的老师们的记述：在生态课程熏陶下的生活是什么感觉？ 如果"学习"是一辈子的事情，你喜欢怎样的"学习生活"？ 体验篇邀你同向阳的老师、学生、家长、邻居们一起来体验一下这种学习生活！你喜欢学前组的那种童话乐园，还是少年组的戏梦人生？

　　成长篇　什么样的老师适合实施这种课程？在教学过程中对她们的生活及思想起了什么影响？生态模式比喻课程是老师的生命加上学生的生命，在她们生活的环境中找出路的过程，是两个生命的种子落在他们环境的泥土中，生根发芽的故事。对某些老师而言，它是一条漫漫的朝圣路，逐步引导自己往更庄严神圣的生命之巅爬去，充满殉道者的肃穆之情；而对另外的老师而言，教学像是参与一个绿色生活俱乐部，是一种愉悦欢快的期待。同样的过程，因每个人的诠释不同而给人不同的感受。您呢？如果您也想体会一下不同的"教书生活"，不妨也来趟生态之旅。

　　表格篇　表格是限制，但开放式的表格会导引一种课程的脉络。在创生课程的过程中，可以用一些表格帮助记忆，提醒工作。需注意的是，有些表格是事后补记的，是回顾式的，而不是预订式的。很多教学活动无法精确预计，即使老师事先订好计划，也经常变动，因此发展出此种回顾式表格。表格篇的内容请扫描封底二维码获得。

　　向阳一向以分享为乐，本书内容欢迎摘录，但请于引用时注明"引自向阳儿童发展中心"，或至少注明"来自江津的经验"，因为它毕竟是向阳的老师在江津深耕的全记录，江津是我们深爱的土地。

目 录

理论篇

第一章　生态课程在中国 ……………………………………………… 2

　一、我国环境生态课程实施情况 …………………………………… 2

　二、"生活教育"观的启示 ………………………………………… 3

　三、新课程改革大潮涌动 …………………………………………… 4

　四、特殊教育的环境生态课程与实施 ……………………………… 6

第二章　生态导向课程在向阳——后现代的探索 …………………… 8

教学篇

第三章　寻找工作生命力——课程的实施者与课程的对话 ………… 28

　一、生态课程的哲思 ………………………………………………… 28

　二、生态课程的策略 ………………………………………………… 30

　三、生态课程的指标 ………………………………………………… 34

　四、生态课程的内涵 ………………………………………………… 34

　五、生态课程的模样 ………………………………………………… 36

　六、社区也疯狂——打造一个学习型社区 ………………………… 59

　七、总结：生态课程的最高理想 …………………………………… 60

体验篇

第四章　生态导向课程实例——学龄班 ……………………………… 64

　一、生活主题——创造生命中的盼望 ……………………………… 64

　二、开会——生活中的重要事件 …………………………………… 80

　三、班干活动（伙食团）——生活中的责任 ……………………… 85

　四、班干活动（广播站）——生活中的责任 ……………………… 89

　　五、我们当了一个月的炊事员 ·················· 92

　　六、应用性语文、数学的教学 ·················· 95

　　七、职业劳动——拥有一点儿可支配的钱 ·················· 98

　　八、兴趣活动——抹去生活中的空白 ·················· 103

　　九、午餐——不仅仅为了吃饭 ·················· 105

第五章　生态导向课程实例——学前班 ·················· 109

　　一、主题探索——童年的冒险纪事 ·················· 109

　　二、向阳的感知课——不仅仅是在玩 ·················· 114

　　三、学习常规的进阶学习——自由前的束缚 ·················· 117

　　四、前语言训练——想方设法，化枯燥为快乐！ ·················· 122

　　五、会说话的学校——浅谈向阳中心的环境布置 ·················· 124

第六章　融合教育试探 ·················· 128

　　一、融合教育的尝试与思考 ·················· 128

　　二、折翼天使的飞翔——实施融合教育的点滴体会 ·················· 135

　　三、你们是幸福的，我们就是快乐的——记向阳中心与向阳小学的中队
　　　　活动 ·················· 145

　　四、美化巷道我的家——记向阳中心的社区活动 ·················· 148

成长篇

第七章　慢慢地陪着你走 ·················· 158

第八章　哦！一年又一年 ·················· 165

　　一、2000 年的记录 ·················· 165

　　二、2001 年的记录 ·················· 168

　　三、2002 年的记录 ·················· 171

　　四、2003 年的记录 ·················· 175

后记：生态导向课程的呼唤 ·················· 178

/理论篇/

第一章　生态课程在中国

张文京

　　环境生态是范围极广的概念，涉及自然科学、社会科学等领域。 我国的教育工作者在环境生态课程观念与实施上有多角度的实践。 一路走来，感性与理性、经验与教训、智慧与行动，成就了我们对现代课程的更执着的追求。

一、我国环境生态课程实施情况

（一）环境教育课程

　　环境教育课程的主要目的是"使学生围绕着人类周围的自然环境同人类的关系，认识人口、污染、资源分配与枯竭、自然保护，以及运输、技术、城乡开发计划问题对于人类环境有怎样的关系和影响"。 该课程关心人与自然环境的关系，在小学、初中作为正式课程开设。

（二）生计与生涯教育课程

　　生计教育指面向劳动世界、面向职业生活，彻底改革整个教育制度，是公共教育与社会通力合作的事业。

　　我国现有各级各类职业院校及职业培训机构，但这并不是生计教育的全部。 我国虽从幼儿园到高中的各年级均有劳动、社会实践等相关课程，但这类课程在实践中有日渐式微之势，应引起反思。

　　我国从幼儿园到大学的连续教育模式中，"终身教育"问题受到关注。 改革开放以来的自学考试、电大、夜大、函授教育、各类在职培训，已形成继续教育系统。 但"生涯教育"的含义除某种知识、技能的学习外，还包含"全生涯的教育关照"，即对人从出生到成人的整个成长、发展和人生各转衔期的教育，这是我们需努力之处。

（三）素质教育为导向的课程

素质教育是针对我国多年来的"应试教育"而提出来的。 自 1993 年 2 月《中国教育改革和发展纲要》提出："中小学要由'应试教育'转向全面提高国民素质的轨道，面向全体学生，全面提高学生的思想道德、文化科学、劳动技能和身体、心理素质，促进学生生动活泼发展，办出各自特色。"袁振国认为："素质教育是一种观念理想，更是一种境界，教育的过程是知识的交流、心灵的沟通，更是对生命的讨论。"

目前新课程改革引发了全国教育观、教育实践的深刻震动与改变，国家从高等入学考试入手，变"精英教育"为"普及教育"，为素质教育的实施提供了必要条件与可能。

二、"生活教育"观的启示

"捧着一颗心来，不带半根草去"的人民教育家陶行知先生，坚持以"社会即学校""生活即教育""教学做合一"等为中心内容的生活教育论。陶先生一生从事平民教育、乡村教育和普及教育活动，开一代教育新风。 陶先生改"教授法"为"教学法"，认为"先生的责任不在教，而在教学，而在教学生中学"，在育才学校，陶先生要求教师和同学打成一片，要求教师和同学同桌吃饭，共同开生活讨论会，建立新型的平等互促的师生关系，课程设置以生活为本，是和谐教育，含健康、科学、艺术、劳动、民主等方面。 陶先生听说有人将"农事教学做"视为课外作业，即明确指出"在晓庄的辞典里没有课外作业""课外作业是生活与课程离婚""只要生活原有的都是晓庄的正课"。 陶先生强调自我学习，自我成长发展，提倡民主教育，在育才，除专业课、基础课外，自习时间很充分，提供大量图书资料供学生阅读。 在晓庄，每天早上 5 点有 15 分钟左右的寅会，师生轮流主持。 师生即席发表思想火花，在这里，学生是自己真正的主人。 陶先生主张学校与社会沟通，要求学生冲出校门，参加社会实际生活，提倡"找朋友去"——找农民做朋友，办农民茶园，上夜校、修路、筑堤，参加社会活动和社会公益劳动，陶先生提出"在做上教，在做上学"，注重实践。 比如："种田这件事要在田里做的，便须在田里学，在田里教，教游泳也是如此。"同时强调劳动知识的学习，培养劳动习惯。 陶先生强调儿童个性发展，反对先生"教死书，死教书，教书死"，学生"读死书，死读书，读书死"。 认为民主教育最大意义是解放儿童创造力，因此要解放儿童的头脑、双手、眼睛、嘴、空间、时间，认为六个解放将"使中华民族的创造力可突围而出"。 且提倡针对儿童不同个性，"不能勉强"长得一样高，主张普通教育与分组教育相结合，同时陶先生重视集体观教育和对集体精神的培养，认为"真正的集体生活必须有共同目的、共同认识、共同参加"。 生活教育的理论与实践，在 20 世纪 20 年代至 40 年代苦难深重的中国土地上，艰难但顽强地成长。 当年育才的学生说："在一所年久失修的庙宇里，我们唱着《手脑相长》歌，大家齐动手，清扫一间又一间屋子的尘土……请走大殿里的四大天王，于是教室有了，宿舍有了，图书馆有了，舞台有了，古庙顿时换上新颜，这是培养人才之幼苗的育才学校，学校里我们呼吸的是自由清新的空气，我们当时的确是'快乐的一群'。"

三、新课程改革大潮涌动

新课程改革如前所述，以素质教育为导向，秉持环境生态教育观念。 将实现我国中小学课程从学科本位、知识本位向关注每一个学生的历史性转变，成千上万的教育工作者正以高度的历史责任感和极大的热情投入这场改革潮流中。 我国《基础教育课程改革纲要（试行）》提出了六项具体目标：

（1）实现课程功能的转变。从单纯注重传授知识转变为引导学生学会学习，学会合作，学会生存，学会做人，关注学生"全人"发展。基础教育领域全面实施素质教育，培养学生责任感、使命感，健全人格，创新精神和实践能力，终身学习愿望和能力，良好的信息素养和环境意识等。

（2）体现课程结构均衡性、综合性，在保留传统学科课程的同时加强养成学生科学素养和实用技能的课程，从小学至高中设综合实践课程，含信息技术教育、研究性学习、社区服务与社会实践及劳动技术教育，并设置综合课程。淡化学科界限，强调学科间的联系与综合，保证学生全面、均衡、有个性地发展。

（3）密切课程内容与生活和时代的联系，改变课程"繁、难、偏、旧"和过于注重书本知识现状，加强课程内容与学生生活及现代社会和科技发展的联系，关注学生的学习兴趣和经验。精选终身学习必备的基础知识、技能，有效改变学生学习生活与现实世界脱节的状况，调动学生学习主动性和积极性。

（4）改善学生学习方式，改变过于强调死记硬背的接受学习，倡导主动学习，乐于参与、勤于动手，保证主动性、探究性。

（5）建立与素质教育理念相一致的评价与考试制度，改变课程评价过分强调甄别与选拔功能的情况，建立促进学生全面发展的评价体系。一是帮助学生认识自我，建立自信，促进学生在已有水平上的发展；二是建立教师不断提高的评价体系；三是将评价看成一个系统，形成多元评价目标，制订多样的评量工具。

（6）实行三级课程管理制度，新课程将改变课程管理过于集中的情况，实行国家、地方、学校三级课程管理，增强课程对地方、学校及学生的适应性。在农村普通中学试行"绿色证书"教育及其他技术培训，这是本次课改的重大举措。作为针对性、实践性很强的综合课程，适应当地需要和反映当今农业科技发展新成果是必要的。

新课改必将引发教学改革，引发新的教学观、教师观、学生观。新教学观强调课程是创新与开发过程，课程由专制走向民主，由封闭走向开放，课程不只是"文本"而且是"体验"，教学是师生交往、积极互动、共同发展的过程。教学重结果更重过程，教学一改过去关注学科而为关注人，"一切为了每一位学生发展"，尊重学生，关注学生情绪、情感、道德生活和人格养成。新课程的学生观认为学生身心发展是有规律的，学生是处于发展中的人，学生是独特的人，是具有独立意义的人。新课程的教师观认为教师应是学生学习的促进者，教学的研究者，课程的建设和开发者，教师应是社区型开放的教师。因而强调师生关系上尊重、赞赏，教学上帮助、引导，多作自我反思。与其他教育者的关系，则强调合作，课程带来的基本学习方式是主动的、独立的，有独特性、体验性、问题性。因而强调发现学习、探究学习、研究性学习、合作学习、情境学习等。

四、特殊教育的环境生态课程与实施

作为教育生态的一环，特殊教育课程改革的总趋势是环境生态课程观的发展与实施。特殊教育环境生态观源于对人与自然的尊重，对生命的尊重，是人类在不断反思的新的前瞻性价值体系，是人类的选择与进步。

特殊教育环境生态观，摆脱主流、支流，强势、弱势的传统观念，强调普通人与残障者之间的相互需要、相互欣赏、相互理解、相互支持帮助，构成一种互利互惠、相辅相成的共同体，这一共同体贡献了社会的平衡与循环，这恰恰是最基本的生存、生命。特教环境生态课程强调人与环境的关系，任何障碍均是在与环境交往中而生成的，如果改善环境，则障碍程度也会得以降低与改善，因而障碍是动态、变化的。

特殊教育的环境生态课程，以生活为核心，教育目标、内容在活动中生成，是个别化的，可持续发展的，可迁移的，在真实的自然情景中教学、评量，让学生自我选择、自我决定。环境生态课程提倡支持辅助系统，尤其是家庭、亲人的自然支持系统，对学生有全人、全生涯的关照，从而让特殊儿童过上较高品质的生活。

在我国特殊教育界已有生态课程观与生态课程的实施，如向阳儿童发展中心的幼儿阶段感觉环境、儿童阶段生态探索、少年组生态适应、成年期生态生活，从课程观到教学模式、情景学习等的多种学习活动，空间、时间规划，家庭、社会参与支持网络，师资培训等较完整的环境生态课程实践；长寿双龙渡舟辅读班的适应性功能教育课程在农村生态环境中的运作；重庆师范大学儿童中心、重庆心语社区家园的以生活为核心的环境生态课程尝试。

我们相信环境生态课程将在新的世纪，推动我们去发展、成长，探索一条生命的出路。

第二章　生态导向课程在向阳

——后现代的探索

李宝珍

从 18 世纪西方工业革命以后，工业生产的力量实在太大了，推动了产业的现代化，推动了都市文明的现代化，推动了科技发明的现代化……推动了一切，甚至包括教育的现代化。 当教育像产业一样开始追求工业化的运作模式时，就逐步统一了各式各样的教育思维，虽说已有间杂人本、文化等的关怀在里面，但也只能是点缀，主流还是"工学模式"——拉尔夫·泰勒（Ralph Tyler）将工业生产的流程控制思路发展成如此现代化的课程发展模式时，各地的学校莫不争先恐后地赶搭这班现代化的列车，生怕自己的教育理念落伍，无法为社会"制造现代化的公民"而害了学生，害了社会。 现今这个沉重的学校任务又变成"培养全球化的地球公民"，如果不用工业化的手段、精心设计，如何能达成呢？ 在这一波课程浪潮中，特殊教育自然未能免俗，而且甚至是后来居上，对工学模式的实践比普通教育更有过之而无不及，因为特殊教育的学生少、教师及工作人员多，相对资源较充裕也较自由，教育管理制度也较宽松，使特教人员有比较大的空间及条件去追求现代化的特殊教育。 那么，什么是现代化的特殊教育呢？

第一，目标导向的课程发展：既然要培养合格的公民，当然要先把目标框好，以免教育的结果造成"非合格的公民"，甚至"反合格的公民"，教育的一切措施，包括课程内容的选择、组织、教学方法、教学资源的运用、空间设计、时间规划以及最后的成果评鉴，皆是以是否达成既定目标为主，形成如此的封闭系统：

目标 → 课程 → 教学 → 评鉴

学校的一切作为，以既定的教学目标为导向。

第二，原子论的目标分析法：大家都会用工作分析、任务分析，这正是现代化工业运用了物理学的原理帮助工业生产的手段，但是被泰勒引用到教育领域来了，物理学发现宇宙中任何一种物质皆是由比它更小的物质构成，每项物质都可以再分解成更小的物质。这种概念用在机械的工业生产上是有用的，但是用到活生生的人上会如何？许多学校的领导者是勇于尝试的，只要把"合格的公民"这样的"大分子"拿来分解，不就是一套完整的课程内容了吗？而且它的妙处还在于，分解出来的"中分子"如果还太大，太模糊，我们还可以把它分解得更小。只要教会一个一个的小目标，合起来就是中目标，然后就达到了大目标！在这种理论引导下，特殊教育，尤其是弱智教育发展了许多层层分析式的教学目标库，形成一套套的课程大纲，还配上评量表，供使用者进行学前及学后评量以监控学习者的进展。教育成了可以量化的工作，学生成了可以标准化分解组合的对象，有经验的教师、康复师都能在脑中形成一套自己的目标系统，可以用来客观地评量学生，制订学生的学习目标。问题是人的发展往往不是部分组合成全部这样的逻辑，小目标的累积恰恰形成了意外的大目标。这其中的变因，后面将会探讨。

第三，强调具体可观测的绩效：既然目标是可以分解的，为了评量教学是否达成既定目标，目标终需分解成可观察、可评量的行为。比如"学生能收拾自己的书包"这样的目标就得再分解成"1.学生能把三种以上的文具放入文具盒盖好盖子，五次中有四次通过""2.学生能把文具盒、书本、帽子等三样以上物品依序放入书包，五次中有四次通过……"具体的行为目标，以便教师、康复师确认学生已会自己整理书包了。当行为主义心理学盛行时，特殊教育的老师都在受训——如何叙写具体明确的行为目标，教学研讨会时也花大量时间在字斟句酌哪个目标的措词比较明确上，似乎大家若对目标没有一致的理解就无法进行"对的"教学及评量，问题是什么是"对的"教学？一个大的教育目标可能是对学生的一个美好的理想与期望，我们无法直接面对这个期望，而去讲究它细微末端的枝枝节节，这只能算是教学者的自我妥协，而不一定是坚持在"对的"路上，因为"对的"东西，往往是有弹性的，有广大包容度的，恰恰不是可以只用几个具体的行为能指的。 当一个孩子看到冰激凌，受到口渴与口欲的驱使他可能马上抢过来吃，也可能拉爸爸妈妈的手去拿，可他不一定要向大人说"我要吃冰激凌"才有权利吃到冰激凌，但是"能说我要吃冰激凌"这样的行为目标恰恰限制了老师的教学范围，反过来限制了孩子对一个欲求满足的行为表现，美其名曰有利于社会适应的行为，然后目标行为等于适应行为的观念深植教师、康复师的脑海中，不敢有丝毫的违背，逐步走到现代化的颠峰——"个别化教育的要求"。

第四，满足个别化的要求，"国民教育应该适应每一个儿童""让每个儿童都听得懂、学得会他应该学的东西"这么简单的概念，实施起来就成了一系列的个别化教育，要做的事就很复杂。"什么是他应该学的？"——课程的个别化；"怎样才学得会？"——教学的个别化。 为了负责地、有效地实施个别化教育，必须把构想写成计划，形成一份书面契约——个别化教育计划，为了保障计划的适应性及品质，强调个别化教育计划必须由一个有专业证照的专业团队共同制订，由于制订的程序严谨又专业，任何一位实施者都不能私自脱离这份计划的内容，一切服务措施以个别化教育计划为依归，甚至要定期地评鉴计划实施的效果。 从一位特教老师的角度看，他的教学只要能达到个别化教育计划上的目标（而且还是行为目标）即可，长期下来养成老师只关注计划上记载的教学目标而忘了学生就活生生地站在他面前，此种结果已不符合个别化的精神。 而标榜专业团队的个别化教育也是一个问题，下面即来探讨。

第五，标榜专业化的服务：现代化的极致培养了各门类的专业人员，为了保障专业的形象及其他原因，逐步形成了各种力求一致、专业垄断的专业团体，能够不断宣扬、扩充他们的专业理念。 到目前为止，一个地区的特殊教育如果没有诸如特殊教育、物理治疗、语言治疗、心理治疗、社会工作等专业领域的人员参与的话，其品质就遭人怀疑，仿佛忘了在没有这许多专业以前，特殊教育曾经美丽而动人地存在过，而现代合格的专业证照成了特殊教育品质的保证，从某方面而言是进步，但过于强调，同样也扼杀了特殊教育的多样性，压抑了某些专业的统一观点外的尝试，正好违反了教育是活生生的，是多元价值的本然！　体悟自己专业的局限，经常寻思专业外的考虑以追求服务理念的包容性，本来是觉得弱智者的需求是多方面的，有动作方面的困难，有语言方面的障碍，有视知觉方面的问题，有听知觉方面的缺陷，有家庭方面的难处等。　不是一个领域的人员就能解决如此多样化的需求，因此发展出各种各样领域的专业人员来专门处理某方面的问题。　在特殊教育发达的国家，专业领域分得更细，专业人员的储备更充分，专业团体的权力更庞大，使得各种专业服务越来越专业，成为一条必不可少的不归路，专业化服务有其优势，但鲜有质疑其负面影响及合理性的。　如果我们回头去想想现代的第二个特点——原子论的分析观点，也许能找到一些这种专业分工假设的权威性，虽然现在一些走在前面的国家已开始发现分工太细的缺点，提出所谓专业整合的模式，但各专业发展到一定程度谈平等合作，需要何等胸襟？　最后还是仰望团队中的权威，而权威若不知谦虚自制，还不如原来的多专业分工模式。　而事实是世界上有许多地区还没有培养出这么多专业人员，在面对弱智学生的诸多生理问题时，一时想不出其他对策。　当引进先行国家的做法时，就觉得也非要有许多专业人员不可，因此只要经济稍有进展，就同样的往这条路走，那经济实在不行的地区怎么办？　这些地区一定要有这么多专业人员吗？　他们不能尝试另一条路吗？

　　以上探讨了现代化的特殊教育及其造成的影响，当任何思想发挥到极致就会有反作用，使得人们从另一角度去纠正它，特殊教育的思潮就像钟摆一样摆向现代化专业、明确、分化的另一端：去专业化、混沌、统整的思维，所谓"后现代"的情境逐步浮上特殊教育的舞台。

　　后现代思想起于何时？　难以确认。　后现代是现代的反动？　并不全是，但现代化的作法乘着全球化的思想遍布地球每个角落，渗透各个领域，正在后发展起来的地区追赶这波现代化热潮之时，西方已开始调适、反思、反感现代化带给人们这种结构同一的视域及印象。　先是科学领域开始对作为现代化的科学根基——牛顿的力学原理产生质疑，他的运动三大定律代表的是宇宙间所有物质的运动规律，认为"所有物理现象都可以化约成物质粒子的运动，导致这些运动的力量来源乃是粒子间的重力相互吸引结果"，"宇宙像一部机器，依据不变的规律一直运转下去"，假如我们能够掌握宇宙中所有物体目前的运动状态，万事万物的发生都成了可预知的这种机械力学对西方近代学术产生深远而广泛的影响，使科学家们相信宇宙是个有条理的系统，由若干简单律则所支配。　于是所有领域的科学家都重新出发，在各自的领域中探索简单的基本规则，进而以机械力来解释包括生物与人类在内的一切现象。　这也是我们前面所探讨的现代特殊教育的特征中可预约学生未来的既定目标，以及可分解的、可测量的目标的来源。　但到了 20 世纪，相对论、量子力学与混沌理论动摇了牛顿力学的所有观念，波粒双重性现象显示出不论是电子或任何其他原子性物体，其属性都取决于实验的情境测不准原理，指出电子的位置无法以确定性的方式被测量（观测时的情境都会使电子的运动状况发生改变），因此测量具有先天上的不确定性。　宇宙被视为一种相关事件的动态网络，它们相互关系的整体调和则决定了整个网络的结构，整个宇宙都是以某种程度主动地被包含于它的每一个部分之中，任何看似零碎的部分都有其不可分割的整体关系，此种整体及所有其他部分都是包含在每一部分当中的内在相关性才是更根本的宇宙秩序。　20 世纪新物理学的物质世界就如同卡普拉（Capra）所指出的"相较于机械性的世界观，新物理学所呈现出来的特征在于它的有机的、整体的与生态的世界观"，而这种观点也形成了后现代化人们重新审视各自生存、工作情景的基调，从而演绎出一波波混沌的、不确定的、开放的、解构的、建构的、统整的、动态的、游戏的、多元的实验，而其中又以"敬畏自然"，重寻"人与大自然的和谐关系"，为后现代万花筒中最能得到全球的共识的亮点。　工业化、都市化之后加速的环境破坏、生态反扑，更让人们理解到自然环境与人类社会的互动关系。　人作为环境生态中的一分子，虽说不必像原始人一样敬畏自然、受制于天，但也必须接受人需与自然中的万事万物共存共荣的事实，以人类的聪明才智，谦虚而诚恳地寻求一条与自然万物永续发展的道路，这样的科技、文明才是人类为所有生命造福的光荣之举。20世纪末，全国各地的课程改革，可以说都受到了这波新思想的影响，主要表现在：

（1）把过去壁垒分明的分科课程，转变为统整课程。

（2）把过去统一的国定课程，转变为地区性的校本课程。

（3）把过去课程专家的权威，下放为基层教师的独立研究。

（4）把过去直导式的教学，转变为学生自主式、建构式的教学（以儿童为中心）。

（5）把过去重视智育（以应试、升学为表征）的教学，转移到重视多元智慧的开发。

（6）把过去标准化的、目标导向的教育评量，转变为多元的、过程导向的评量。

（7）把环境教育与多元文化理解纳入课程。

这一波课程改革若能理想实施，则对特殊教育的发展是有利的，虽说其中有些观点在特教界早已领先在做，如统整课程、校本课程、开放式教学……但若缺乏普通教育的呼应，毕竟就像在茶里冲浪一样只能自娱，在普教改革的大环境下对特教的有利之处是：

（1）开放的、建构的教学模式，强调可操作性的、丰富的情境，有利于特殊学生和普通学生的融合活动，更方便特殊学生随班就读。

（2）统整课程、重视过程，有利于特殊学生在融合活动中获得个人的目标，而非与同学相同的目标。

（3）特教老师擅长统整的、开放的教学模式，可为普教教师的前导。

（4）特教教师精于儿童心理与缺陷补救的研究，作为满足班级中的每一个儿童的特殊学习需求而言是普教教师的好伙伴。

（5）尊重环境与多元价值，长期下来会造就谦和反思的社会公民，形成宽容友好的社会气氛，必能接受、服务各种不同特色的人民生养其中，当然也包括我们有特殊需要的孩子及成人。

也许有人会觉得这样的预测太简单也过于乐观，但基于特殊教育的发展不能自外于普通教育，而且特殊教育的改革一向走在普通教育前面这样的认识，我们的特殊教育要向前走，必须重新思考下列问题，作为一个特殊教育的小单位，我们是这样反思的：

第一，特殊教育是重视学生的未来，还是重视学生的当下？

特殊教育一向以教育学生能达到"适应社会生活"为目的，为学生长大后能自立自足，在学校中规划了一套实用性课程，假设学生学会了这套课程中的知识、技能就能适应未来的生活。 问题是生活情境是变动的，为了模拟未来的生活状况，学生丧失了许多沉浸即时生活的机会，当下、眼前的感觉、需求是不被重视的，当老师的眼光只盯着课本或 IEP 看时，眼前的学生就只是一个个被灌输、指挥的对象，这些对象对学校提供给他的学习生活是什么感觉？ 他们要在这样的背景中生活六年、九年，这种生活对他们的意义是什么？ 这是不在课程规划中的，老师想不到的。 如果教育太关注眼前的生活，哪有时间、资源去为未来做准备？ 那么，为了美好的未来，现在忍耐点，甚至背井离乡、牺牲亲情也是在所不惜？ 但是这样的权宜措施是否一定能换来幸福美好的未来？ 或是智力障碍者（其实正常人也一样）终其一生是离不开别人的支持的？ 一个健全美好的社会原是全体居民从现在到未来，永远要互相依赖、彼此支持的社会，因此教育更应该关注孩子眼前的生活状况。

第二，特殊教育应回避智力障碍儿童的缺陷还是迎向其特殊缺陷？

长期以来，人们存在着智力障碍儿童的学习缺陷包括注意力短暂、短期记忆差、推理能力差、抽象思考能力弱、类化能力不足等印象，因此在课程设计上回避了抽象思考与判断推理的教学模式，强调简化、具体化、零推理的教学策略，这固然教会了智力障碍儿童一些低层次的基本技能，但是智力障碍儿童终其一生不需涉及较高层次的抽象思考、推理判断的认知技能吗？他们不需自己根据问题的情境作出判断、选择与计划，而只需运用学校教他的一两招实用技能就能应付他的简单人生了吗？ 从医疗模式出发，强调特殊儿童的感官、生理、心理缺陷，花大量时间做"诊断——处方式"的补救教学，由于效果不显又无法直接改变儿童的生活或学习状况，逐渐式微，代之以强调儿童的长处，直接教导他适应生活的功能性课程，期望以儿童的现有能力去适应人类生活的环境。但是由于环境的复杂、混沌，不断上演生存期间的各种生命的互动与回应，如果儿童缺乏对环境的敏觉力、判断力与回应力，仍只是一个被动的个体，如何成为一个探索自己生命的主体？那么教育的课题是否在于如何生动地、非机械化地触动儿童对周遭事物的敏觉与回应，激活他内在的心智运作，使其主动地对环境作出注意、判断、选择、综合、记忆、回馈等反应？

第三，弱智儿童能否主动建构知识、自主学习？

社会建构论的认知心理学家强调有用的知识是学习者和环境互动后自我建构而成的，教育只是为学生搭起个人知识结构的脚手架，学生依据个人的认知结构去理解教材、探索教材之后同化新教材扩充自己的知识体系、提升自己的认知能力，只是弱智学生原有的知识太少，认知结构较简单，是否能以有限的知识去认知更多的知识？他如何成为学习的主人？特殊教育若一直不设法培养学生的自主学习、自我计划能力，那么特殊教育将和普通教育越走越远，学生也一直无法主宰自己的生活，谈何融合？

第四，特殊教育教师的工作意义何在？

这是一个和"特殊教育的目的何在？"一样恒久而神圣的命题，当特殊教育的功能不彰、地位不显，课程枯燥、活动反复时，不只要问"这对学生的意义何在？"也要问"这对老师的意义何在？"。如果教师不能从工作中发现意义，特殊教育怎能有活力？后现代强调意义必须由个人去诠释，但是反复的、规格化的教学模式会使人性消磨，把教学当成例行事务，把学生当成一般物体，而逐步失去对教育的热情。特殊教育教师必须培养在工作中成长、在行动中研究的能力，教育是活的，教室中有层出不穷的问题等待教师去发现、去解决，在创造性地解决问题的过程中，工作的变化与趣味不断更新教师的思想与眼光，赋予教师对特殊教育工作的价值观，成为一种主动积极的教学能量，不会随着世俗的潮流起伏，这时，真正的特殊教育专业才于焉诞生！

第五，特殊教育老师的角色是什么？

从后现代的课程观点看来，教师是和学生、周遭环境共同生活、共同活动、共同创造课程的人。 教师的角色不是确定而鲜明的，他（她）必须融入环境、适应环境、改造环境，甚至成为环境生态中自然又模糊的一分子。 这样的角色和现代化讲求"专业精神"、强调"专业人士"必须厘清与服务对象的关系，保持"工作生活的界限"，这样的"公私分明"的要求是完全背道而驰的，究竟孰是孰非，也不能一概而论，只能说是不同的价值取向。 作为一名教师，必须具有批判反思的能力，对各种不同的理论或价值观能清醒地剖析，然后从里面选择适合当地背景的课程模式，若老师没有批判反思的能力，又不能在行动中研究，那真的只能服赝别人设计的课程，全国只能实施一套标准化的教育模式，那么谈特殊教育的改革又有什么意义？

身为 21 世纪的特殊教育教师，如何在缤纷炫目的资讯中判断思考？ 在特殊教育方面，我们至少可以用下述准则对每一种说法进行批判反思（但记住，准则不是万能的）：

(1)是谁提出这个说法？（例如，特殊教育必须为每一个特殊学生拟订个别化教育计划。）

(2)这个说法产生的背景是什么？ 当时当地的文化、经济、政治、教育条件是什么？

(3)这个说法只是一个人的思想？ 经验？ 或是一个验证过的理论？

(4)如果是一个理论，那它背后的假设是什么？

(5)这个说法的另一面是什么？

(6)这个说法的普效性如何？

(7)这个说法如果被执行，对谁有利？

(8)这个说法如果长期执行，会有什么影响？

我们可以用以上的方法来练习一下如何批判反思现代化或后现代产生的

许多特殊教育说法，从而在这众说纷纭的世界中找到自己的方向。

说　法	说者背景	时代背景	性质	假　设	另一面	普效性	对谁有利	长期影响
（例：） 1.目标导向的课程发展	之一： 泰勒（Ralph Tyler） 教育心理学统计学专业教育哲学博士	工业化 城市化 专业化 机械力学 功利主义 行为主义 资本主义 效能政府	理论	1.目标是能预见的 2.目标是中立的 3.过程是可控制的	1.目标是难以预见的 2.教育应有不同价值 3.过程的变因太多	是否能适用各种时空、背景及对象	课程管理者	僵化、同一性，培养高技术人才而非思想精英
2.目标分析系统	（以下略）							
3.具体可观测的绩效								
4.个别化教育计划								
5.专业化服务								
6.课程统整化								
7.课程本土化								
8.课程没有权威								
9.重视学生自主学习								
10.重视多元智慧								
11.多元化评量								
12.重视环境教育								
13.强调多元文化								
14.教育应重视学生当下生活								
15.应培养学生判断思考能力								
16.应让学生主动建构知识								
17.教师会在行动中研究，工作才有意义								
18.教师的角色是融入环境的								

　　看过向阳中心三周年专辑的读者应该可以发现向阳中心的前三年是如何受到现代化的浸染：目标导向的课程发展，具体而明确的个别化教育计划，紧紧抓住个别化目标的生活核心教学。 每年累进的以课程为本位的教育评

量，一套标准化作业程序和统一的表格管理系统，除了没有配置齐全的康复医疗专业团队，完全是工学模式的极致，既方便教学管理，又方便向别人介绍，是一种容易复制的模式。 如果中国大地上需要大量、快速提供特殊教育，这种模式倒可效劳，但一个国家不能全是一种模式，当向阳中心进入第四年时，已逐渐感觉到这种工学模式的瓶颈：目标的限制使教学的范围总是局限在"上街""购物""打扮自己""有礼貌的行为"等主题上，标准化的教学管理使教师娴于作业而拙于创思，结构化的活动设计养成听老师指示，看功课表行事的学生……果然这些窘境，在杨元享老师到访时被指点出来了！杨老师于 2000 年来向阳中心讲授他个人对特殊教育深思了多年的体会——"生态导向的特殊教育"，终于放开了我们对课程的迷信，而用一种更自然、更自主、更自由的方式看待课程，在生态观点的启示下，我们对上述问题进行了反思与探索。

当我们把所面临的培智教育的议题放在批判反思的框架下检验时，向阳中心从第五年起找到了一条可以探索的路，这条路不是没有人走过（在国外或学前教育有一些典范），但是在中国的弱智教育领域应是新的尝试，而且我们也要试图用和别人不同的观念来开发这种模式——生态导向的弱智教育课程。

从向阳中心的构想来看，生态导向的课程观和一些类似的课程观有什么区别？

第一，生态导向课程不是生态教育。

生态导向课程应用了许多生态学的观念，也遵从了许多自然生态的法则，但它的目的并不是教导学生生态观念或以生态保护为宗旨，虽然实施生态导向课程的结果必然会导向对环境生态的尊重与爱护。

第二，生态导向课程不是环境教育。

生态导向课程承认环境对活动在其中的人的影响，体悟课程是人与环境互动的过程，但它不只是教导学生认识周围环境、适应环境、保护环境，或是了解世界范围内的环境，其实它更多的是关注环境中人事物之间的生态关系，从中学习演化一个适合各种生命在其中永续发展的环境。

第三，生态导向课程不是环境生态分析课程。

从社会学的角度看，人类是生活在许多错综复杂的人际关系网络中的，这些关系从远到近层层相互影响，为了方便研究说明，社会学习者把它分析成影响个人行为的微观系统、中间系统及宏观系统，这些关系的交互作用就是人类社会的生态现象，因此形成了"社会生态系统"的观念。当我们要研究一个人的行为、处境，就去分析他的"社会生态系统"的交互关系，看看他的生态系统是怎么运作的？如何影响他的？要怎么调整他的社会生态系统来改善他的处境？把天地间混沌的生态用现代化分析思考的手法加以捕捉，使人类暧昧不明的关系呈现条理，方便社会工作者进行问题的厘清与改进，而这种方法用到特殊教育领域来，就成了针对特殊学生所生活、学习、工作、休闲的环境生态状况进行调查、分析，以发现学生所在的环境对他的影响与要求。具体地说：这个学生应该在他的环境中参与什么重要活动？如何参与？以此形成对此学生最实用、最重要的课程。然后在实施这个重要性课程时候，必须在真实环境中观察其中的社会生态变化，以设计出帮助学生适应此生态的策略、教材或辅具。此种"环境生态分析课程模式"自20世纪80年代推出以来，打破了原来发展性课程及功能性课程的藩篱，以"个别化课程""没有大纲的课程"之姿对某些学生产生了效用，特殊教育进入"没有课程大纲"的时代。向阳中心的生态导向课程采用了它的一部分概念与做法，在勾勒学生的课程需求时运用了环境生态分析的方法，去发现学生参与环境的重要活动，但重要活动不一定都是为了适应环境的实用性、重要性技能，而更多的是考虑学生在他的环境生态网络中的地位及作用，他不只是环境中的被影响者，也是一个主动影响环境者，当这些相互影响的关系启动后，它们的发展如何？教育可以如何因应此发展再投入关键的因素，以促使此发展朝着互赖互利、生生不息的活路持续前进，而不是朝着互相排斥、竞争的绝路自食恶果？另外，生态导向课程也把自然环境当成课程中的一个要素，自然生态是学生生存环境中的主要伙伴，教育在帮助学生"学会生存，学会生活"的同时，还要学会"与自然环境和谐共处"。 在生态的法则中，能避过自然界一次次的苦难永续生存下来的生命，往往是那些能适应环境变化的物种，他们长期的进化影响了环境的改变，而不是他们直接干涉自然，造成改变。 在"人和自然环境和谐共处"的理念下，生态导向课程会强调尽量利用自然、接近自然，不为了讲究"个别化"的人的需求，需索太多自然资源。 此时"个别化教育计划"已不只是为学生一个人或一个家庭的计划，而是对一个能和学生共存共荣的环境的全面构想，如果为了学生的生活或学习耗费太多环境中的资源而不反思，将使学生生存的环境萎缩、退化。但可惜的是，大多数的特殊教育课程并未关注它对自然环境的影响，尤其是在现代化科技的推波助澜下，各种辅助残疾学生的器具大量开发，名为"科技支持人性"，但其实只是在发达地区过渡浪费，偏远地区根本运用不上，那些一代代更新的、随学生年龄汰换的辅具永远不是辅具开发商与特殊教育工作者反思的对象，特殊教育乘着现代化的列车飞驰在无障碍的大地上时，谁对此提出质疑就是"没有人性"，"跟不上时代"的假惺惺！ 但是，当特殊教育投入了诸多人力、物力，却仍无法换来弱智者在社会上独立自主地幸福生活时，那特殊教育的出路在哪里？ 如果特殊教育事业的发展自外于人类共同的生态议题，那我们的特殊学生如何成长为环境中负责任的一分子？

这是向阳儿童发展中心四年多来的思索及探究。 于是我们顺着以下的思路试着描摹"生态导向课程"的光景：

（1）知觉补救性课程补足了学生的一些缺陷，但学生也错失了正常发展其他能力的时机，也无法让学生用补足好的能力进入学习状态，去发展一般儿童应发展的能力。

（2）发展性课程直接教导儿童应发展的能力，但相对于他要面临的生活，还是一种间接的学习，学生仍难以把在学校发展出来的能力用在实际生活当中。

（3）功能性课程看似直接面对社会生活，实则为想象中的社会生活的演练。 有些类化、统整能力较好的学生可以把学校模拟演练的功能性技能迁移到他真正的生活环境中运用，但对于有些学生，这些技能到了他的生活环境中就失去了功能！

（4）环境生态分析课程干脆直捣学生的生活环境，找出学生在环境中可参与的重要活动，并在真实的活动情境中分析其间的生态关系，然后在其中教导学生最合乎当场的行为技能，必要时还使用替代方案、辅助用品，甚至调整环境以补学生能力不足之处。由于活动可以分析到很具体、可操作的步骤，而科技辅具的效用又可以很个别化地补足学生的弱点，各种支持资源形成网络，使这种模式看似可以无往不利，只要为个人做好合适的活动分析，再给予所需的支持，任何特殊需要人士皆能如常人般适应他的生活、学习或工作，那么剩下来的就只有价值取舍的问题了：这样的生活是不是特殊需要人士期望的？为什么适应一种现代化的生活才是高品质的？这样的生活对学生、对别人、对环境造成的长期影响是什么？

（5）在环境生态分析的利器下，支持性就业、支持性社区生活接手了特殊教育的毕业生。当特殊教育越办越有效，支持学生的手段越来越多时，它的成果终于展示在弱智学生的就业率上——一种人定胜天、永不放弃的精神终于把接受过完整的特殊教育的学生一个个送上就业的舞台，而我们也可以从他们为国家创造了多少 GDP 以及税收而证明特殊教育投入的价值，这些都是活生生的也不容否认的。已经不需要再拿一个国家或地区的资源与才智去证明它了，向阳要做的是，去发现这种模式的缺憾，然后去寻求另一种思路，看看人类在为弱势族群的服务过程中还能有什么其他的选择？

（6）新的信仰要建立在对旧信仰的反思上，我们开始反思在都市中就业的弱智者的生活光景，除了收入与付税，他们还有什么？不起眼的工作（虽说工作无贵贱，但他们的工作肯定有许多普通人不愿长期干）、不算好的工作条件、不平等的人际关系、不丰富的休闲生活，早出晚归，日复一日，还不能请假罢工，遇到经济不景气还是最先失业的一群，为了仰赖这个社会的支持系统，弱智者是否失去许多与自我相处、与自然亲近、与健康有约的人生层面？他们是否也和大多数正常人一样逐渐失去独立生存、简朴生活的能力？　当然这是一个互相依赖的社会，但是过度的物质追求也把这种依赖关系送到无法自拔的地步。　在社会的经济条件还能支持这种生活模式时，智力障碍学生似乎还能在社会生存；一旦经济滑坡、物资紧缩，智力障碍人士如何运用最少的资源还能过一种健康优质的生活？　这就是生态导向课程希望突破的、为智力障碍人士开发的一种可持续发展的课程。

（7）人类生于自然，来于自然，当遇到生存困境时，当然应该回到自然的怀抱中去学习，去疗伤！　当一个人在环境中找不到太多资源时，最好的办法就是节约资源——用最少的资源，得到最大的产出。　当我们的智力障碍学生无法赚取太多的资源时，我们必须为他设想，如何以有限的资源仍能过上良好品质的生活？　什么样的能力搭配什么样的环境可以达到这个理想？　答案可能是：向我们的大地母亲回归！　大自然拥有许多取之不尽、用之不竭的丰富资源，如山上之清风、江中之明月。　只要我们学会如何善用资源，如何与自然和平共处，大地也会许我们以清新健康的生活，问题是特殊教育老师知不知道如何以最少的资源生活？　特殊教育课程有没有包括简朴生活的知识技能及态度？　特殊教育如何开展，才能使这些课程内容导向生态的、自然的、健康的、优质的、可持续发展的人生？

（8）过去的课程虽然也能导向社会适应，职业适应的人生，但需提供大量、持续的支持，不是耗用专业人员的资源就是要有政府财政支持。　就一个公平、友好的社会而言，当然也是美事一桩，但谁能保证地球上每个地区，永远都有这种美事？　这也是有些功能性课程后继无力的原因。　现在我们设想一个弱智人士，可能住在城市，可能住在农村，如果他每个月能有一笔非常微薄的资金（可能是父母为他留的，可能是政府给的，可能是他通过劳动付出得到的……），他可以如何使这点资源生生不息起来，达到高品质的自给自足呢？　在农村，他可以用这点资源启动他的"生态农作"，建立一个自己的农家，利用田野中各种生物间的生态循环关系进行小规模的种植和养殖，由于不涉及产销的问题，产量与质量以自给自足为主，就能设计出一种程序简单、消耗最少的种养方式。　如果是在城市，可以建设一个配合自然条件的公寓，设计一种能循环再生、资源回收利用的家居型态。 让生活在其中的人能用最节约能源、资源的方法，而享受到大自然赐予的惬意生活。 在向阳中心，这只是一种设想，但在世界其他角落，确实有许多有心人士早已奉行此种简朴生活多年，乐此不疲！ 而有利于生态自然的新科技也开始为人类的这种生活提供支持了！

（9）另外一个问题是，在这种生活环境中，周遭的人起什么作用呢？ 他们如何接纳、对待社区中的残障者呢？ 一个适合各种能力、特质的人居住的社区才是一个健全的社区，如果学生生活在一个对弱势者漠不关心的社区，他个人再努力，也无法在社区中得到永续发展的力量，那么，生态导向课程就不能只顾着构设学生的绿色生活，而要营造整个绿色社区。 绿色社区不只是一个生活形态上的环保概念，而是一种全体社区居民的生态意识。 他们发现社区中各种人事物的互相依赖关系，尊重社区中的生命与文化的多样性，保护社区关系中的动态平衡，并为社区中的人与自然环境的发展负起责任！社区居民合力建设一个适合各种生命在其中生长的环境，社区成为能提供居民生活、工作、学习、休闲的有机存在，任何生命都有意义。 智力障碍者也成为其中不可或缺的一分子！ 如此，智力障碍学生不管在农村还是在城市，都可望享受一种简朴又丰盛的绿色生活，成为特殊教育可以追求的目标。

（10）此时特殊教育课程不再只是一套套的课程大纲或标准，更不只是一册册的教材或课本，不是教师上课来下课走的一节节课，更不是教室中上演的一幕幕视听好戏，它变成一种学生终身生活的蓝图，也是一种生活环境的改造，是关注学生如何在他生养的环境中持续发展的整套系统。 这套系统是开放的，只是以生态为导向的，任何环境中的人事物都有可能影响到课程的进展，而课程的进展又会影响到周遭人事物的变化，可以说，生态导向的课程是学生的生命和他周遭的生命互动的过程，而教师在其中，除非以她的生命去影响其他生命，否则她的教诲是与环境无关的！ 作为一个生态导向课程的老师，必须意识到一旦决定启动这个系统，势必影响他的生活，他必定成为整个生态系统中重要的一分子。 影响别人，也被别人影响，更有甚者，她还必须成为环境中的催化者，促使环境中各种现象的生态平衡，此时她又成为一个生命的实践者、社会工作的行动者！

（11）那么这样的课程观如何初步地落实在向阳每日的活动中？ 促使学生学习活动的改变？ 生活是无时不在的，生活也有自然的规律，如果运用学校传统的功课表与教学管理，如何体现生态的运行？ 因此，生态导向课程模拟人类生活的实态，采用自然时间表，将大量时间拿来让学生和周遭环境交互，少量时间做结构化的学习，而学习的地点也尽量利用社区现有资源，企图促成一个学习型的社区。 教学资源就地取材，尽可能不用对环境造成负担、对人体造成伤害的产品，强调教具能引发学生自然的感情、触动学生的反应，教学主题的安排必须是对学生有意义的、学生感兴趣的，让学生在与教材、环境的互动中主动建构自己的概念、强化自己的技能，终而养成终生受益的态度。

如此一系列思考下来，生态导向课程的脉络逐步浮现，一些具体的策略也相继成形，向阳也就开始她的生态导向课程的探索之旅！

2000 年 3 月 27 日，杨元享老师陪着向阳的老师们一起试着讨论一个"动物狂欢节"的教学主题，过去我们会把学生带到乡下去参观动物，然后在学校里用图片、头饰来模拟动物的活动，连续两个星期都在很理性地学习动物、认识动物，但动物在学生的生活中还是没什么意义的，也不会激起学生的什么感情。 杨元享老师要求我们必须"把学校变成动物农庄"，"要来真的！"此时全场哗然，群情激奋，"把一群鸡鸭兔放到教室里来？""把教室的结构去掉，依照农庄的功能来区分校园！"大家手忙脚乱，那周全校真的是"鸡飞狗跳"，不过学生也渡过了生命最兴奋刺激的两周，上学成了一连串发现惊喜的过程，动物是学生要关照的、互动的生命，它在学生生活中自有意义！

从此，学生每周一来学校都有新的发现，学校一会儿是"动物农庄"，一会儿又是"魔镜世界""鸣剑山庄"，武艺尚未出师，又要应对同学对自己的"状告法庭"，那边为了保护月亮每天得设法智擒怪兽，这边冰激凌屋的美味又开始诱惑大家的味蕾，更夸张的是有一回我们把整个江津城搬到我们教室，长江流经课桌椅而且其中还有鱼儿在戏水！下个学期我们打算把飞机场搬到我们中心，希望您不要觉得太荒谬！

所有这些都还不是学前班、学龄班现时学习生活的写照，生态课程要做的更多——社区工作是更繁重的一环，为了让学生成为社区中重要的一分子，学校就要成为当地社区受欢迎的一个单位，进而影响社区往支持生命的方向发展。在这部分，向阳虽然做了"向社区开放图书室、录像厅""美化巷道我的家""巷道春茶会""巷道园游会"等活动，起到了课程与社区生活结合的作用，但距目标仍太远。作为社区文化的推动者，向阳的老师显然还要有一些训练。

向阳的师资培养一向是多管齐下的，但生态导向课程强调教师诠释现象的能力、开发教材的创意，因此在职培训也逐步朝动态的、互动的模式转变，没有既定知识的讲授，也没有高超技术的传授，重点是教师批判反思的能力，在行动中研究发展的能力以及创造性解决问题的能力，而团队合作以及终身学习是向阳原来就有的专业训练。总之，向阳的老师必须有百变金刚的能耐，因应环境生态的需要扮演不同的角色功能，当学生还小时，她要能创造有趣的主题及环境吸引孩子；当学生融入普通幼儿园、小学时，她必须变成普通班老师的咨询伙伴，成为全纳教育的有力支持；当学校教育转向开放系统时，她必须能为学生连结社区中的学习资源，包括远距教学的应用；当学生长大成人后，她必须为学生营造一个可持续发展的生活环境。可以说在学生的一生中，她都能用生态的眼光评估学生和环境的需求，以提供生态导向的特殊教育。这样的人才不止要有追求智慧的决心，还要有促进社会发展的使命感，是可遇而不可求的，但却是真正影响生态模式能否成功、能否推广的因素！

向阳的课程的发展经常遇到困境，因此，课程本身也像一个有机体一样不断地在求新求变：早期我们认为"课程是一条跑马道"，教师带着学生依循着一定的轨道前进必能到达既定的目的地，后来有良知的老师又把课程扩充为"对学生全面而长期的关怀"，这时课程就和学生的生涯有关，而当学生的生涯发展遇到瓶颈、生命必须找到一条出路时，课程又成为"为学生寻找出路的过程"，在这过程中如果教师自外于学生的生命，用太过于超然的、专业的身份去操作课程，是无法发现生命的出口的，学生的生命没有出路，教师工作的生命也就无法发展，因此，课程又变成为"老师的生命和学生的生命一同找出路的过程"。 这时，我们又发现环境改造的重要性，课程又成为"一颗生命的种子，落在它的泥土中，如何与它周遭的环境互动、成长的过程"，这个过程是动态的、自发的、混沌的、创造的、有机的，引导着向阳的学生和老师走向一条漫漫朝圣路，追求一个人的更高、更新的境界！ 然后，为人师者，终于可以发现，为什么别人会说："教师是太阳底下最光辉神圣的行业！"

课程是生命个体在成长中，通过与环境的诠释性交互对话，追求生命美学的过程！

/教学篇/

第三章　寻找工作生命力

——课程的实施者与课程的对话

李宝珍

一、生态课程的哲思

校本课程的创造者是教师，生态导向课程的创造者是教师和学生。

课程是教师、学生和他们周围环境互动的过程。

课程在与实施者不断对话中，不断创生，接踵再起，形成一股连绵不断的生命力，从此，它不是躺在课本中的文字，也不是选在大纲中的条目，它是一种能自我焕化、自我建构，甚至能与时俱进的有机存在。

如果课程不是这样的活灵活现，它如何吸引一代又一代的特殊教育工作者前赴后继地把汗水洒在这块泥土？　为什么智障孩子的背后永远会有一批矢志不渝、尽忠职守的师长？

如果一个人在一个岗位太久，工作成了应付，与人交际言不及义、思想定型、逃避挑战，虽然也能看到每天的日出日落、花开花谢，但已经逐渐失去对这些日常事物的感动，以至于看到一只仓皇过街的流浪狗也不会心痛，遇见一个艰难求生的负重老人也不会鼻酸，柔软的心肠早已硬化，生命的热情逐渐消磨，这样的工作即使收入再多，也抵不去你失去的一生只有一回的作为一个"人"的追求，这样的工作已经向你发出警告：你必须重寻工作的意义！

就培智教育工作而言，并不是每个人都觉得它很重要，例如有许多人认为"普通教育都没搞好，还搞什么特殊教育？"，这意味着特殊教育是其次的，问题是普通教育什么时候、怎样才会搞好呢？ 还有的人说"等经济搞上去了，再来搞特殊教育"，这意味着特殊教育是有钱社会的奢侈品，问题是特殊教育是残疾孩子的必需品。 因此，一件事情从不同角度看会有不同的诠释，培智教育老师就必须为自己寻求一个能说服自己的理由，而这个理由也只能在工作中找。

在向阳中心，我们是这样来鼓舞自己的：

（1）人的一生是一个为自己的生存寻找意义的过程，对弱智孩子而言，他也有体认自己生命意义的权利，特殊教育就在捍卫并细心地呵护一个让孩子有机会去发现他自己的环境。

（2）生命为每个人都开了许多窗，等待人们一一去开启。 有的人终其一生都盲目前进，从来也不知道有一窗外瑰景，有的人一旦打开了生命之窗，就再也无法回头。 教师就是那个已经看到窗外的、上天许诺的光景的人，他们也将带领他的学生，开启自己的窗户，一扇一扇地去探寻生命的意义。

（3）探寻各自生命意义的路程是永恒的，力量是远大的。 生命与周遭环境互动，不断产生新的认识与需求，个人诠释的意义不断更新，生命于其中便不断成长，特殊教育的课程就在生命互动的惊涛骇浪中不断发展，永远不停止它对人生存在意义的追问！

（4）"人为何而活？""人为何而工作？"在世俗功利的现今社会，弱智者的出路在哪里？ 特殊教育的课程终究不能逃避这个问题，因为这正是许多特殊教育课程无效的原因！

（5）当智障学生和他们的老师一路探索自己，一路学习如何真诚地、温柔地与周遭的人、事，共存共荣，以及如何在简朴、艰难的环境中领略生命之美，世俗的功利已经不是他们的最终追求。 在资源短缺、收入不丰的条件下，他们学会了和自然和环境和谐相处，运用最少的资源，享用健康而优质的人生。 而他们对生命的真诚，以及先常人一步表现出对生态环境——这个人类共同的命题的负责任的态度，必将使他们成为人类社会中值得珍爱的一分子！

（6）正是这样的理想，安慰了智障孩子父母的心，也正是这样的信念，鼓舞着智障孩子的老师尽忠职守，矢志不渝。 这样的课程，或许能为智障孩子在这个世上找到一个安身立命的位置！

二、生态课程的策略

这样的理想要以什么方法来实现？ 如何让教师与学生共同开发课程？如何激发教师在教学过程中的锐利与创意？ 如何维持教师对自己所实施课程的批判反思能力？ 如何促进环境往共存共荣、自然、平衡的生态理想发展？其计安在？

首先，我们确立课程形成的原则：

- 课程的形成过程是互动式的，是逐步讨论出来的。
- 课程没有理论，只有思想，强调信念，而非真理。
- 课程不是专家设计的。
- 课程是"教师+学生+家长+社会人士+课程专家"结合相关文献的共同作品。
- 课程是教师对自己所实施课程的批判反思，是二者之间对话的过程！
- 课程发生于真实环境中，而非抽离于背景！
- 课程只能根据某种脉络营造、演进，而不能人工速成。

然后，有了上述原则，我们试着找出一些发展课程、设计教学的策略出来：

（1）课程必须是真实的。

一位父亲分享道：过年后，我送我的脑瘫孩子到学校去，他的老师舞龙舞狮来迎接他；有一次我接到学校通知，要为孩子举办一个婚礼的教学，要我们家长出席，那天我和我爱人穿戴得非常正式到学校，因为我知道，学校的老师是"玩真的！"这位父亲的话，启发我们对生态课程的第一个策略——尽可能使课程栩栩如生！

（2）课程是统整的，附着于背景的。

儿童的学习是整体的、连续的，一个孩子在还不会认识数字时就能非常准时地打开电视看动画片，这不是大人一点钟、两点钟、时针、分针这样教会他的，是通过长期以来对整体情境的掌握养成的，如果教学脱离了情境就会失去建构知识的线索。 这点提醒我们：分科的、片段的课程无法提供学生真实世界的影像。

（3）学习一开始，就不能中断。

一节课或一个单元上完了，目标就结束了，这是人为的指定中止，其实学生所学的，在以后会不断地与环境交互，不会因为课表上换了一个名称，或改了一个单元主题就自动停止。 一个单元的结束是引出另一个单元的开始，绵绵不绝，螺旋上升。 一个母亲说她的孩子"一学会了拿彩笔，什么东西都成了画纸"，我们能做的就是，让他绘画的技巧能在不同的场景持续地发扬光大，在他自己觉得够了以前，不要硬生生地叫他改学剪刀的用法。 彩笔给的终点可能另有蓝天！

（4）在生活中学习，让学习的结果成为生活中的一部分。

学习应符合真实生活的规律，但有些弱智学生的现时生活单调乏味，丰富的课程能为学生的生活涂上色彩，并且成为学生日常生活的一部分，而不是课程结束了就从学生的生命中消失！ 让所学直接丰富学生的现时生活。

（5）不分工作、游戏与学习。

后现代以游戏为主要特征，恢复生命的游戏本质，一切的工作、学习如果没有趣味性及游戏性，对学生言，有何意义？ 当我们看到孩子在游戏中乐此不疲时，就知道为什么看似实用的课程无法获得孩子的青睐。 当课程热烈起来的时候，是分不清这是在学习、工作还是游戏的。

（6）运用自然时间表的概念。

自然时间表代表两个概念，一是弹性，二是正常。 既然学习是统整的、连续的，一开始就无法中断，那么制订一个固定的时间表就是矫情的。 我们都有这种经验：当一个孩子沉迷于某项工作/游戏时，是很难让他去做别的事的，除非他觉得手上的事已经做完了。 完成一件事情需要不同的时间、程序，而每个人完成事情的速度也不相同，但传统的功课表却要求每个人在相同的时间完成相同或不同的工作。 让弹性功课表来适应不同的学生、不同的工作，可能是一个顺天应人的义举。

而"正常"的意义指的是依据平常人正常从事该项活动的时间、时段来进行该项活动的教学，例如烹饪活动应在午餐或吃点心之前的时段进行，而坐公交的活动应在上、下学或有目的外出的情况下进行，避免在一个奇怪的时间教一个学生不知该在何时用的技能。

(7)运用空间。

生态导向课程重视环境的营造，课程在真实环境中展开，达成学生和老师是环境中重要的一环的目的。 因为课程的作为，学生和环境周遭的人事物有了必然的互动，环境逐步改造为适合生养期间的人的环境，人也因环境中的资源而得以滋养成长， 例如为了炊煮，必得去市场买菜，而市场也必得成为适合学生去买菜的环境。 代换到教学环境，也要营造出富有生命力的学校环境，让师生的活动在其中有意义地展开。

(8)运用自然支持、自然后果。

在情境中，在一个有意义的活动中，在一个正常化的环境中，学生的一举一动会有自然的结果产生，例如上公交之后不立刻扶好就会晃倒，付了钱老板就能让你拿走想要的物品，比任何人为的奖惩有效，学生也在这种自然的互动中学会调整自己的行为。 教育可以做的是，在环境生态中发现学习的需求及协助的策略，尽量参照一般人在相同情况下的对应举措设计解困之道，只有利用环境现场的资源（例如商店老板、邻居……）提供支持，才能使支持有细水长流的功用。

(9)让学生自己建构能力。

如果我们要让学生有属于他自己的能力，那么就应让他自己获得这项能力而不是老师教他这项能力。 当学生以他个人的认知体系和环境中的事件相遇时，必须加以调适和同化，才能满足认知平衡的需求，课程要做的就是提供能引起学生学习动机的事件，处理事件的结构使之接近学生的认知功能，然后在学生与事件的交互过程中提供动态性的协助，使学生对事件的认知与应对由混沌逐渐变得清晰，终于形成个人独到的见解与技术，虽然弱智学生的观察力、领悟力不及一般人，但只要把教材依据学生的认知能力加以重新组织安排，必能找到适合学生观察、探究的方法。

（10）强调学生自主学习。

自我选择、自我计划、自我执行、自我评价、自我强化、自我学习……这些论调似乎离弱智学生很远，但是当我们看到大人们连用什么碗筷吃饭，穿什么衣服上街都帮孩子决定好后，就会意识到自主离弱智孩子越来越远的原因。选择、计划的能力可因练习而生巧，没有人天生就是决策高手，也没有人天生就不会选择，差别主要在于机会的多少。

（11）使学生成为受欢迎的人。

如果你的学生仪容整洁、举止端庄、待人有礼、热心助人，虽然智力比较差，但比起那些在社区中制造脏乱、不顾公德的人，也许还要受欢迎点。如果你的学生凭自己的能力无法做到内外皆美，那么学校之力就在于促成学生有利于社区的种种措施，使社区因为有弱智人士的存在而更健康、完善。换句话说，弱智教育存在着美化生活、改造社区的作用。

（12）新教师的在职培训方案培养具有行动与反思能力的教师。

教育不再限于学校，工作不再限于教书，那么教师就必须有新的能力，参与到自己的课程中，她要能产生计划，能采取行动，并能时时反思行动的影响，走入社区，开创文化。这样的老师已不只是老师，而是一位社会工作者、文化工作者，她们的在职培训的课程内容要能包括社会、文化、生态等领域，在培训方式方面也不能沿用传统讲授、传授模式，而需强调互动讨论、批判反思、小组合作、行动研究等模式。使教师团体成为能追求专业、自我成长的学习型组织。

三、生态课程的指标

向阳生态导向课程没有具体、实用的教育目标，但有指引课程前进的指标，用来评估教师和学生是否还走在向往的路上，是否一路去往生态自然的优美生活？ 对于向阳的师生而言，美好的生活代表着：

生活在一个生态平衡的社区环境中——每个生命都被看成是环境中不可或缺的一分子。

生活在一个健康少污染的环境中——享受一种充满健康的阳光、空气、水、土壤、用品的绿色世界。

生活中有最多的生命互动——即使是最严重残疾的人也能得到许多生命的呼应，人性的尊严在此得到重视。

拥有一般人一样规律而丰富的生活方式，独立而自主的生活空间。

尊重人和环境的可持续发展——不因个人的发展妨碍社区的发展，不因社区的发展妨碍个人的发展，更不能因人对环境的无知，影响人和环境的可持续发展。

四、生态课程的内涵

生态导向课程的内涵别无其他，生态导向课程的内涵就是学生的生活本身，它是人人都很熟悉的"如此这般"的平日生活的放大，包括：

学生生命中的一天是怎么过的？

学生生命中的一周是怎么过的？

学生生命中的一个月是怎么过的？

学生生命中的一个季节是怎么过的？

学生生命中的一年是怎么过的？

它是学生生命中的"一天+ 一天 + 一天 + 一天+……"，是无数日常生活组成了学生的生态导向课程的内涵。

课程不只关心学生未来生活的指向，也关心学生即时生活的感受，是一天又一天生活的累积组成了学生在校生活的印象，是一年又一年生活的实践，逐步导向永续生活的愿景。

课程的内涵在于为学生创造生活中的盼望。一般人能以自己的能力、资源去创造自己生命的旋律，而智力障碍学生的生活如果没有教育的介入，就可能使规律性大于丰富性，受限于固定的空间，每天伴着相同的人，行使单调反复的活动。

因此生态课程不是将就学生原来的生活模式，而是探索学生生活中的资源，试探学生丰富生活的诸多可能性，形成环境中有趣的"生活主题"，在主题的活动中"顺便"学习丰富生活的技能，一旦学会了，这个生活主题就可以成为日后生活中的例行活动，单调乏味的生活逐渐被丰富有趣的活动填满，智力障碍学生也能在他一生当中享受和一般人一样的规律而多彩的生活。

所以，如果有人问向阳生态导向课程的内容是什么，有没有大纲可以参考？可以这么说：向阳生态导向课程的内容就是学生在江津本地的丰富生活的总和，而这生活是因人而异的，这生活也是自己打造的。

如果，您还不放心：这样的课程会不会漏掉什么？能不能更有头绪一点？我们也曾做过这样的努力：把想带给学生的课程内容做一整体性的规划，依照课程指标的要求，选择一个健全的社区，探讨在生态发展的过程中应有的变革，以及社区生态中每个生命的需求与贡献是什么，然后将这些内容加以组织，形成一套教学过程中教师可以参考的课程大纲。但是生态导向课程适不适合在开放中寻求结构？预定的内容会不会限制了老师的创意，以至于学生的生活超不出课程原来的想象，而课程内的生活又因是来自他人的构设而失去生机？也许我们可以先整体地规划一些构想提供参考，而数年后可以回顾的方式补足其内容，那时就可以有一个较系统的课程内容向大家报告，只是那是个什么样子，是不是叫课程大纲，是不是对别人有帮助，就不得而知了。

五、生态课程的模样

（一）教学脉络的形成——课程运作流程

课程没有大纲，只能有个大致的脉络，教学时也只能由老师和相关人员共同讨论，订出一个大家认可的方向，形成每个学生的教育计划。

"个别化教育计划"的拟订在过去被认为是实施特殊教育必备的手段，对计划内容及叙写方法都有明确的规范，自从实施生态导向课程模式以后，向阳学生的个别化教育计划就不再强调教学目标具体、明确，可评量的要求了，但 IEP 是老师施教的蓝本，是为每个学生量身打造的学习计划，还是在教学前深切构思的，只是这份计划已无法在教学前就拟订完整，大家签名认可，而是还要在教学过程中逐渐完善而成，有很多变数在影响这份计划的内容，但大体的方向是不受影响的。

新 IEP 是如何形成的？ 它在生态导向的教育过程中扮演什么角色？ 它如何承接课程的理念与内涵，如何成为引导教学的蓝本，而最终达成课程的指标，实现课程的理想？

在生态的观念下，我们愿意把这个过程弄得越简单越好。 一个简单的开始，才有希望因时间的演进，变化出各地各种不同的生命形态。

向阳的课程模式是这样的：

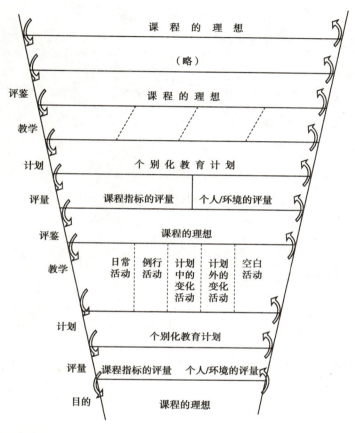

接着介绍评量及计划部分的工作方法，教学部分在下文中介绍（此部分工作仍在发展中）。

1.指标评量

评量内容	评量目的与应用	评量时间、人员	评量结果
生态生活的指标	作为个人接受教育的最高追求	新生入学时。 以后每年一次由班主任观察学生的生活环境进行评量	填写生态生活指数现况报告
课程内涵	作为可逐学期发展的个人与环境目标	新生入学时。 以后每学期末由班主任根据课程内涵评量	填写学生课程需求报告

2.个人/环境评量

评量内容	评量目的与应用	评量时间/人员	评量结果
（1）学校生活的例行与变化作息情况	课程要能让学生周遭的人觉得重要，并且能帮助学生参与到他生活中的主要作息中，个人/环境评量正是要收集学生在生活环境中发生的事件，学生目前参与的状况以及周遭的人对学生参与这些生活事件的看法，以便作为下学期的教学内容	由班主任于学期末到学生家中、附近社区进行环境调查，与"重要他人"进行访谈，以收集资料（有些地区因地制宜发展出一些该地生活的"重要活动目录"，可供访谈时参考）	填写环境生态分析调查表（或作息调整卡）（见附表4 "环境评量表"）
（2）家庭生活的例行与变化作息情况			
（3）社区生活的例行与变化作息情况			
（4）休闲生活的例行与变化作息情况			
（5）职业生活（略）			

3.制订个别化教育计划

评量完毕后，班主任需在一周时间内填完各项评量报告，加上自己的意见，为召开个别化教育计划会议做好准备。

个别化教育计划是依照下列手续完成的：

1)排定个别化教育计划会议时间表

学期结束前向家长征询空档时间以便为每个家庭安排一次聚会，这个会议是为这个家的发展障碍孩子制订下个学期的教育计划而开的，因此家中的主要成员及主要照顾者最好都能出席，为了增加出席率事先征询时间及尽量配合家长的时间是很重要的（给每个家长多个时间选择）。 待全体学生的家庭时间都调查出来后，由教学组长加以整理，排出全校每个学生的会议时间，再由各班主任复核看是否有冲突，最后由学校发邀请函确定开会时间及开会目的，请家庭成员出席。 在这种个别化会议中，学生的父亲或母亲是不能缺席的，我们曾经把一个学生的会议排到过年前，就是为了等候父亲从沿海打工回来，如果失去父母的关注，IEP 的价值就值得怀疑。

2）准备会议事务

（1）由于各班同时为学生开会，地点需先区分开，准备好。

（2）由于会议记录牵涉到 IEP 的叙写，会议中的指定分工是很重要的，谁主持、谁报告、谁记录都要事先确认。

（3）评量结果报告及相关资料由班主任复印并管理好。

（4）由教学组长先设计会议议程的草案，和各班老师商讨后确定该次会议的程序。 由于学生的背景、特质、年龄不同，往往有不同的问题要讨论，有不同的途径来探讨学生下学期的需求，所以可能有不同的会议程序，也要根据上学期议程的缺点加以改进，使每次的会议程序更有效率，更能帮助大家找到学生应该发展的方向或重点。

3）开展会议讨论学生的需求

依据预定的议程，老师、家庭成员、主要照顾者及教学组长参与讨论，有些大龄的学生也出席了自己的 IEP 会，但到目前为止，他们还只是回答"喜不喜欢""好不好"的问题，希望有一天他们也能大声说出他生命中的盼望。

会议议程有下列几种供参考：

第一种：向阳中心 IEP 会议议程（新生）

1.介绍会议目的、议程、注意事项

2.介绍与会人员

3.评量报告

3.1 各项功能评量结果之描述。

3.2 各项功能之优弱点。

3.3 各项功能对生活、学习的影响（有利、不利之处）。

3.4 评量者之建议：给老师的策略性建议，含补救方面及应用方面。

4.讨论

4.1 障碍类型、程度、成因。

4.2 学习的优弱点的总结。

4.3 未来发展的潜能及限制。

4.4 相关措施及对策。

4.5 下学期教育重点(统整课程评量结果及上述报告)。

4.6 家长意见、注意事项。

5.散会、签名

第二种:向阳中心 IEP 会议议程(学前班)

1.报告上期 IEP 评鉴结果

1.1 总结通过目标特点及通过的有利因素。

1.2 总结不通过目标特点及不通过的不利因素。

1.3 发现较适合学生的目标类型及教学策略。

1.4 不通过的目标如何处理。

2.报告学科成就

2.1 语文、数学能力的累积。

2.2 教学时的困难。

2.3 对目标与方法的建议。

3.家庭环境与家长期望

3.1 家长期望和上学期相比(近期期望与未来期望)是否更新。

3.2 在学校学了什么有利于家庭、学校、社区生活的独立适应。

4.讨论

4.1 下学期教育重点(统整课程评量及上述报告)。

4.2 教学策略建议。

4.3 相关服务、措施。

4.4 其他。

5.散会

第三种:向阳中心 IEP 会议议程(策略型)

1.报告上期评鉴结果

　　1.1 总结通过目标特点及通过的有利因素。

　　1.2 总结不通过目标特点及不通过的不利因素。

　　1.3 发现较适合学生的目标类型及教学策略。

　　1.4 不通过目标如何处理。

2.核心问题评量

　　2.1 核心问题及其表现(和上学期相比如何)。

　　2.2 影响因素。

3.兴趣及长处调查

　　3.1 列出所有主动行为,分析相关能力。

　　3.2 列出所有被动但愿配合的行为及相关能力。

　　3.3 这些能力是否可以重新组合出新功能。

4.讨论

　　4.1 下学期应建立、有可能建立的能力。

　　4.2 有效策略(逐项能力讨论)。

　　4.3 相关服务、措施。

　　4.4 注意事项。

5.散会

第四种:向阳中心 IEP 会议议程(少年班)

1.报告上期 IEP 评鉴结果

　　1.1 总结通过目标特点及通过的有利因素。

　　1.2 总结不通过目标特点及不通过的不利因素。

　　1.3 发现较适合学生的目标类型及教学策略。

　　1.4 不通过的目标如何处理。

2.家庭期望与未来安置

　　2.1 家长期望(与上期期望比较)。

2.2 影响独立生活的主要问题。

3. 讨论

3.1 未来安置再议、变数、可能的困难。

3.2 达到安置目的的策略及阶段性、渐进式的安排。

3.3 下学期必修（教育重点）：统整课程评量及上述需求后发现。

3.4 有效策略。

3.5 相关服务、措施。

3.6 注意事项。

4. 散会

4）会后由班主任负责将会议结论写成"个别化教育计划"

（1）学生的基本资料（出生史、发育史、医疗史、教育史、目前的能力与特质等）。

（2）学生的家庭资料（家庭背景、环境、资源，家长专长、教养观点、教养期望等）。

（3）学生目前能力与环境要求。

上述 3 项因已包括在学生档案及评量档案中，且在 IEP 的评量报告上已有摘要叙述，因此向阳的 IEP 文件就省去了这三个部分。

（4）学生的发展愿景（教育的最高目标）。

（5）学生下一个生涯阶段的安置（离开向阳后将去何处？）。

（6）迎向未来的层次性安排（在向阳的每一段时光应提供什么以利于学生逐步向理想发展）。

（7）下学期教育目标（依据课程内涵的领域或生活环境分别叙述）。

（8）达成教育目标的策略（包含指导策略、支持策略、医疗或替代性策略、相关服务的建议）。

（9）下学期的相关服务（依据会议上指定的动作训练、口语矫正、心理辅导、家庭辅导、辅具等措施的具体安排）。

（10）本计划的评鉴办法（评鉴时间、人员、标准）。

上述个别化教育计划的内容有三点需注意：

（1）上述内容系班主任依据个别学生的 IEP 会议结论叙写而成的，并非由班主任自行设计。

（2）此处的教育目标只举出一个该生接受特殊教育的最高目标，以及下学期应达成的学期目标，而略去烦琐的短期目标，看似失去了具体明确的指示，难以操作执行，也难于学期结束时进行客观量化的评量，但我们的做法是：

①先有学期的（长期）目标，指出了下学期教学的基本方向后，教师们便可据以规划学期的教学主题（办法下另述）。

②有了教学主题就可进行开放式思考，大家一起讨论出对学生有意义、有趣的教学活动。

③在教学活动中，班主任就能观察、记录学生的新的行为表现，发现各个学生具体的教学目标，然后再去写 IEP 中的短期目标，这样产生的短期目标比预定的短期目标更接近学生与环境的需求。

例如，在家庭生活领域的长期目标"能有适当的与家人共同进餐的礼仪"之下，以前老师会根据自己认为的学生能力或简单访问家长用餐情况后，设定包括"能为家中长辈盛饭盛汤，一天中至少两次"这样的短期目标，但是一开始执行就发现家长面有难色，老师认为是家长不配合教学，可是等到老师真正到学生家中教学时，才发现这个目标虽然也是一种用餐礼仪，但却不是目前家人能"消受"的礼仪，学生在为大人添饭时饭粒掉了一地，盛汤时汤沿着碗又流回大钵中，汤匙也顺势躺入汤钵内"游泳"，礼貌是周到了，但卫生及胃口也不保了。因此还不如将短期目标改为"盛饭时不掉饭"及"盛汤时不洒汤"更贴近生活实况。

（3）每个学生都有一个贯穿学习生涯的技能要发展，是隐含的、未叙明于 IEP 文件中的，但因该技能对帮助学生往独立生活发展非常重要，也是向阳课程的重要目标，它会作为教学活动的主轴，而非内容，因此没有每次都写出来，那是长期需要的，它们是：

（学前班的）自我学习技能包括阅读功能、选择能力、操作技能、类化推理能力以及完成工作的习惯等。

（学龄班的）自我决策能力包括自我计划、自我记录、自我执行、自我评价、自我强化以及参与讨论、合力完成工作的能力等。

这些是列为需长期发展的能力，是通向课程愿景的基本素养，因此会贯穿在每一个活动中，在介绍向阳的活动设计模式时，这部分的目标变得非常重要。

个别化教育计划形成了每个学生发展的脉络，用它掌控开放式教学的进度及系统，不至于使教学漫无目的、杂乱无章。下面的篇章开始介绍教师如何依循 IEP 的脉络，为学生塑造每学期的魅力生活。

（二）教学活动设计——魅力生活的塑造

生态导向模式的教学设计具有以下特点：

（1）以生活主题或学习主题作为各领域活动的统整。

（2）活动主题是一个接着一个产生的，虽然老师们也可以预定，但往往会被学生改得惨不忍睹。

（3）教学设计是团体讨论出来的，学生及家长会影响活动的进程，这是要先有心理准备的。

（4）活动是由学生亲身参与、动手完成的，因此方便学生拿取、动手的设备是很重要的，每个班级都有学生用的学习资源中心。学龄班叫"我们的工作柜"，学前班叫"我的书房"，当然老师也要有方便变戏法的百宝箱（半成品资源柜）才不会输给学生。

（5）活动尽量利用社区中已有的资源进行，老师们要有联系社会资源的本领，成为交友广阔的人物。

（6）除了利用社区资源，学校内也要"演什么像什么"，如演飞机的主题，学校就要像个飞机场；演"少年张三丰"的主题，学生一进学校就要有武当山的感觉。

（7）尽可能让学生自己规划、自己学习，老师作为一个引起动机者、促进思考者、协调组织者、生活参与者、技能补足者以及影响改进者，经常要控制住自己指挥、指导学生的冲动。

（8）以例行活动为主干，达成熟练技能的目的。 例行活动有时是枯燥的，但向阳把学生学过的有趣的主题融合成学生每周或每月的例行事件，无形中达成了反复练习的效果，比原来大家印象中的例行生活还丰富些，例如"资源回收"的主题就形成每周一次的校内资源整理分类外售活动，售得的小钱成为可支配的班费，何乐而不为？ 这种设计的特点使学生的功课表越塞越满，越来越复杂。

生活主题或学习主题是怎么设计出来的？

IEP 制订出来后，老师们利用寒暑假设计下学期的教学主题。 学前班和学龄班的主题产生方式稍有不同。

1.学龄班

（1）打听社区内有没有将举行的居民活动，如果有，就是一个很好的教学主题。

（2）采用生活规律表对照平常人的半年生活内涵与学生的现有生活内涵，以发现需要每两周或三周在学生的生活中加入什么变化。 方法如下：

①先由教师填自己或学生伙伴每日、每周、每月、每季、每半年的生活内涵与规律活动有哪些。

②再填学龄班学生的生活规律表。

③优先考虑生活中的重要活动引申出的一连串的相关活动的主题，例如"美化巷道我的家"的主题会引申出"巷道茶话会""巷道婚礼""巷道工程"的主题。

填时参考各生的 IEP 内容，将需每天表现的能力填入每日活动，例如"上下楼梯"，需每周表现的能力填入每周活动，例如"资源回收"，以此类推，会有一些 IEP 上的目标不是每日、每周、每月例行的，那就有可能需要以教学主题的形式出现，把它先标记出来，如果还找不到主题，可以参看一般人或学生同龄伙伴的生活中有无可用的主题，例如别人每周上一次健身房、美容院或每月交一次电话费，我们学生可不可以学呢？　学会了以后也可以把上健身房、缴电话费变成生活中的趣事！　这又是一个好主题。

（3）筛选所选出的主题，如果主题很多，可依下列原则再筛选：

①检视所发现的主题是否符合本班大多教学生的需求？

②这些主题学生会不会有兴趣？

③这些主题以后是否能融入学生生活成为规律生活的一部分？

④这些主题学生有能力掌握吗？

⑤这些主题老师也有兴趣吗？　对老师的影响是什么？

⑥这些主题对社区有利吗？

⑦这些主题之间能有关联吗？　能否串成一个生活的主轴出来？

（4）依据所选主题之间的关联安排主题出现的时间、顺序，也要考虑到配合季节、节庆、学校行事等因素。

（5）将安排好时间、顺序的方法填入学期主题表（见附表 7 中的"一班生活主题一览表"），并立即加上主题目标以提醒老师们当初选这个主题的原因，不然到了要进行那个主题的时间，大家又忘了主题的真正用意，显不出当初灵感的魅力。

（6）新主题有时是上个主题欲罢不能的延续，有时是社会上出现了新的议题，有时是学校行事有了变化，有时是老师们对原主题不甚满意，有更好的灵感，但更多的是讨论该主题活动时，学生想出来的活动已脱离原主题的范围太远，干脆改了主题名称。　例如，原来期望学生进行服装表演的"名模庆新年"主题，在学生开会讨论节目时意外成了当时热门的一个电视歌唱节目"银河之星大擂台"的再现活动。

2.学前班

学前班的主题以生动有趣能吸引孩子主动参与为主，因此主题的形成先不看 IEP 的内容。 这和以前不同，以前是归纳分类班上学生的 IEP 形成教学主题，但那样的主题对老师的创意局限很大，因此后来改试开放式的主题产生方式，由全体老师（也可邀请家长或校外人士）一起用脑力激荡法想出来的，现在很难说哪种方式好，可以相互作用，其过程也不一定，但我们的经验是：

（1）以一个比喻邀请大家想象，并尽可能想出多一点的答案，例如"您喜欢上学像什么？""您觉得学习就像什么？""您此生遇到最有趣的学习是什么？""您觉得什么主题最能让孩子惊奇？""您觉得发生什么事最能夺得孩子的注目？"等启发老师扩散思维的问题。

（2）将用团体脑力激荡法想出来的字条展示在白板上，以刺激别人产生更多的想法，然后把性质相近的归为一类，逐渐形成几个不同的类别。

（3）筛选，把多余的类别去掉，比如不含 IEP 的、不好玩的、常有的……选中的类别给予可爱的名称以吸引孩子，比如"发现错误"的主题可以取名"当修理大师碰到破坏大王"，因为可爱名称也会刺激大人在设计这个主题的活动时产生新的点子，又如："谁偷吃了月亮"的主题让老师想到一只爱吃"圆"的东西的怪兽！

（4）衔接各主题之间的关系，安排顺序。 为各个主题之间搭上合理的关系是安排主题顺序的基本方法，就像"失物招领"的主题可以安排在"造飞机"的单元之后，但节庆与气候仍是不可忽视的因素，配合社会上的庆典及当时的气候感受是最合乎自然节拍的活动主题，这并不是说非得在中秋节安排"赏月"的主题，而是可以把适合在中秋节进行的主题安排在中秋节的档期上，就像电视连续剧一样的（见附表 7 中的"三班单元主题一览表"）。

（5）学前班的主题比较不会被孩子改动，因为学前班孩子还缺乏讨论技能，老师也都先把环境布置好了来吸引学生（不像学龄班是预定了主题后自己布置环境），也就没有改变的余地，学生是星期一早上到了学校发现学校变成一座镜宫，或是变成一间冰激凌屋，才知道这星期将过什么样的生活。学前班主题的"变"，一般是在两个主题交接时的讨论会上老师们共同决定的。

（6）学前班的主题不同于一般幼儿园的主题，特教学前班的每个儿童都有 IEP，引导主题的发展，而幼儿园的主题大多配合节庆、时令、常识等。

如何设计主题活动？

寒暑假中，各班老师一同讨论第一、二个教学主题的活动内容及进程，以及环境布置的构想，以便于在假期中准备材料及道具，每个主题有一位主教及两位助教，再加上陪读的保姆，有时还有实习者，几乎每个主题都热热闹闹。为了负责起见，我们规定只要有孩子的地方就要有老师盯着，不能依赖其他人，因此老师和学生的比例得维持在一个安全的水平上。

设计活动是一个回旋的过程，很难以一个线性的流程来表达，设计时要考虑的诸多要素经常互相影响，生态导向的活动设计是一个开放的系统，而不是一个封闭的程序，老师们每次讨论活动时都充分体认到这个特殊的感受，往往前一刻定下来的内容，在讨论下一个步骤时又被推翻，而在讨论某步骤时，又常说"要等下一个步骤定了以后才能定这个"，活动因之间的互动就好像生态系统中各生态因子的互动，混沌不明，动荡不安，时而似陷入焦灼干涸的困境，换个话题突然又豁然开朗，只因一个更动，造就了全局，或因一个返回，打乱了整体，大家的思绪有如万只翻飞的蝴蝶，产生的效应我们可能至今仍不知。

请随着我们思绪的翅膀，浏览这说不清的活动设计神貌吧！

（1）再确认主题目的。

假期中制订的每个主题，在进行活动设计之前都要再确认当初为何选它，与 IEP 的关系为何？

（2）分析教材。

不管是开放式还是结构式教学设计模式，教学的因子都存在，只是处理的方式不一样。开放式教学的教材来自主题的联想，从与该主题有关的诸多概念，联想到诸概念间的关系，串出一套套的规则与程序，以便想出可让孩子展开的一系列活动。画概念图、主题网是学前教育常用的教材分析方式

（见附表15"三班单元教学活动卡——冰激凌是怎么做的"）。 学前班试用此种方式，但学龄班有时采用较具逻辑性的教材分析方式，因为学龄组的主题比较生活化，也较重视实践性，因此在进行教材分析时就延用三周年时的"分析图"的方式来分析具实用技能的主题，如"如何与朋友约会"，但有些概念性的主题就试着用"主题网""概念联结"的方式来发展相关概念及技能，如"向阳少年大学"。

　　传统的教材分析系分析出完成教学主题的知识、技能与情意三个部分的内容（普教新课程以知识与技能、方法与过程、态度与习惯做为教材内容的三个主要成分，也是值得参考的分析向度）。 有的学校依据所采用的课程领域来分析，例如以前向阳就依据学生 IEP 目标教学的七大领域（因为 IEP 是依据"双溪课程"制订的，"双溪课程"是以儿童发展领域分类，包括感官知觉、粗动作、细动作、生活自理、沟通、认知及社会技能七大类），但不管分几大领域，归纳起来还是知识、技能、情意三块。 以前从这些领域出发去找教材内容用的是演绎法，而现在的教材分析刚好反过来，采用归纳法：

　　（1）第一轮先从主题出发，主持讨论的老师要求其他老师进行头脑风暴，从一个主题联想出其他概念或事件，越多越好，越有趣越好，而且此时不宜批评别人提出来的联想，以免打断别人的灵感，例如由"冰激凌"的主题想到"制作冰激凌""装饰点缀冰激凌""冰激凌圆舞曲"以及"冰激凌溶化了"等活动。

　　（2）第二轮开始将联想出来的概念或事件加以筛选、增补，依据的是 IEP 的目标，有些想出来的活动虽然有趣，但没有任何 IEP 目标能搭配此活动，则此活动可能会被割舍；有些 IEP 的目标没有任何想出来的活动可以匹配，因此可就目标的需要再想几个活动。 例如加一个"冰激凌游行"就可以教许多团体常规行为。

　　（3）将所有活动依课程领域加以归纳，看是否包含各个领域。 有些活动是跨领域的，如"装点冰激凌"就横跨"感官知觉""细动作""沟通"等领域。 但是现在向阳强调学前组学生的自主学习能力及学龄组的自我决策能力，因此确认了有趣的活动后，还要再以自主学习及自我决策的要求来验证这些活动是否提供学生自我决策、自我学习的练习机会。 下面的考虑就稍为复杂。

(4)学龄组的自我决策能力包括"自我计划、自我记录、自我执行、自我评价、自我强化"等技能，这些技能要透过一个又一个的生活主题传递下去以运用自如，如果用脑力激荡法得出来的活动不利于自我决策能力的练习，则需删除（见附表 8 "一班生活主题学习活动卡——少年大学"）。

学前班的自我学习在向阳又分两个部分：一部分学生已有基本学习常规，其自我学习能力就包括"阅读、绘写、查字典、应用符号、发现关系、修正错误、解决问题"等七项技能，一部分新生的常规尚未建立，其自我学习的能力就是"听指令、注意力、完成工作、看图做事"等四项技能，也就是说，学前组的主题活动内容必须适合上述自主学习的需求，如果想出来的活动光有趣，但只是让学生看或听，而不动手、不动脑、不反应，是通不过检验的（见附表 14 "三班单元教学活动卡——造飞机"）。

(5)活动会影响教材的选择，筛选活动时又受到教材的影响，这会使活动和教材不易区分，但老师心中会区分清楚，若分不清，可以在画主题网时，内圈画活动，外圈用其他形状代表教材即可。

以上教材分析的部分，是各班老师共同讨论的，讨论时要有学生的 IEP 在手边当筛检依据，心中要有自我决策、自我学习的要求做引导，如此才能决定一个教学主题可以进行哪些活动，因为这些活动可以含括那些重要的教材内容。

3.教法研究

从活动开始向前归纳的设计方法已经把教学方法考虑在内了，而并不是教材分析好了才来想教学策略或方法，这样的复合思考是由下面两种教法研究组成的：

(1)从学生的学习特质、有效学习策略着手：新生入学及每次开 IEP 会时，都会讨论、建议各个学生有效的学习策略。 例如，如何吸引该生的注意力，并维持；如何使该生乐意完成任务……在老师们想活动时，这些思考会给老师带来灵感，提出来的活动本身就会符合这些策略，而活动决定后，又可以回过头来想这些活动如何展开才能吸引学生注意、乐意完成任务？又有助于为活动找到一些有效的实施方法。

（2）从教材本身的性质去找策略：老师们需对不同性质的教材如何教才容易理解、记忆有深刻的研究，就像各种不同的学科有不同的教学方法，统整课程虽然不分科，但在一个统整性的活动中，所教的内容还是包含各科（领域）的，例如一个活动既牵涉到语文类的教材内容，也有动作技能类、情意态度类的、推理思考类的内容，老师要能清晰了解各个活动中不同的教材类别，运用适合各类别的有效教学法，作为设计活动过程的引导。

以学龄组为例，老师在教法研究这个部分，最重要的是要设想出来"如何引起学生进行该主题的动机？""如何引导学生开会讨论？""如何帮助学生记住讨论的内容？""如何使学生每天依照计划完成工作？"等的有效策略，思考过程可能是：

教材内容：自我学习之自我计划之记录讨论内容。
↓
活动：举行少年大学之开学典礼（以前学生们已筹划过多次不同的庆典）
↓
教法研究："如何让学生记住讨论重点？"
↓
"用什么提示法？" → 　　　"视觉提示法？"
↓　　　　　　　　　　　　　　　↓
← "记住后应有什么反应？" → 　"哪一种视觉提示？"
↓　　　　　　　　　　　　　　　↓
← "如何强化这种反应？" → 　　性质　　提示者　　展示处

具　图　文 　　老　班　各　　黑　墙　各
体　卡　字 　　师　长　自　　板　上　自
物

↓

形式设计

教育心理学（尤其是认知取向的）研究出许多有效的教学法，应是特教老师的必修课，此处不多举例，唯教师必须能在活动进行的情境中随机应用、动态调整，务使学生虽在自由开放的活动中亦能得到有效的指导。

4.活动过程

有了教材，想了教法，活动的进程已呼之欲出，此处就由主教自己安排一下各个小活动之间的顺序，大致考虑一下各个活动进行的时间，即可填好主题教学活动卡的前半部分了。活动完成之后再以回溯法填好活动卡。

学前组的一个主题教学基本上是由一个整体活动、数个分化活动及一个统整活动构成的，这和生活内核模式的活动组成是差不多的，只是每个小活动的趣味性增加了，功利性减少了，学生的主动参与被强调了，教师的指导减少了。

学龄组的一个主题基本上依照引起动机→团体计划→分组执行→高潮活动/强化活动→自我评价/团体评价→融入例行生活等逐步发展。活动内容方式有可能更动，但基本进程是稳定的，每个主题都由学生讨论、计划开始，随着时间的演进行动逐步完成，每个学生、每组学生在活动中都有各自要完成的任务，为了任务必须学习，学会了以后就成为生活中新的成分，可以用来发展新的任务。一个主题接一个主题，每个主题都差不多，不同之处可能在于每个主题进行的时间是依据活动的需求而安排的，这就会使每个主题的功课表不一样。

（三）教学时间表的安排——时间不是问题

在充满游戏味的后现代，时间反而不是问题。

过去的管理强调效率，做事要有计划，必须在一定时间内完工才是有效率的，进度控制成了管理人员的日常职务，这对于某些程序化工作是很必要的，但也并非每件事都能有固定完成的时间与期限，这就需要有弹性处理的措施来支持一些灵活的思路。在教育方面，更需要有弹性的功课表，为了学习进度不一的学生，也为了活动进程不一的教学——比如说主题式的、活动本位的教学模式。

生态导向课程强调生态法则，学校生活要能合乎自然生活的规律，前面已探讨了人类生活的自然规律是有日出日落、花开花落的节奏的，因此教学活动应搭配学生每日、每周、每月、每年生活的规律而生，学习即"在学生活"的体验。那么"在学生活"的时间表如何安排？这也可以从人类生活的实态得到启示。

人们的生活包括下列四种形式：

（1）日常活动：用来解决个人生活需求的每日必行活动。例如饮食、排泄、漱洗等。

（2）例行活动：除了为解决日常生活必行的活动之外，人们在生活中仍会从事一些例行事务，例如看电视、写日记……这种例行活动是每隔一段时间会固定出现的，有每日出现一次的，有每周或隔周出现一次的，有每月出现一次的，还有每隔几年才会出现一次的例行（如每五年领一次保险金）。

（3）变化活动：这是例行活动之外不定期发生的活动。不定期发生的活动有些是计划中可以预期的，例如规划一个年终旅行；有些是计划外难以预期的，如远方亲友的造访、意外得奖……这些都属于有变化的活动。

（4）空白活动：生活中总有一些空白时光，什么也没安排，可以用来做任何事，也可能被非预期的变化事件"侵袭"，但是空白时光也可以为人们带来一些领悟，学生必须学会怎么度过人生中的空白时光。

学校生活的功课表，基本上也是被这些不同形态的活动排满了，尤其是学龄班的时间表，更是体现了这种自然的弹性时间表特征：

（1）有日常生活的时间：这些用来解决生活需求的时间是每日固定的，比如课表中确定了到校、离校、午餐、午休、漱洗的时间，它若需更动，就和一般人需要自由调整他的日常作息是一样的道理。

（2）有例行活动的时间：这也是计划内安排的，把一学期中可预期的、会定期反复出现的目标安排成例行活动，例如"开班会"就是每周会出现一次的例行活动，它不是日常生活必需的，但是 IEP 目标的需求，又适合安排成每周例行练习的形式，所以在课表上就要安排出像"开班会"这样的例行活动时间，其他还有社区活动时间、职劳活动时间等，都属定期进行的设计。

（3）有计划的变化时间：这是计划内，但非定期出现的活动时间，这种活动需要的时间很难限制成一样的长短，它会因发生事件的不同而需要占用人生（功课表）上的不同时间。 弹性大致表现在此种变化性活动上，这就是生活主题或学习主题所要占用的时间。 在学龄班的功课表上生活主题占的时间比较多，可供老师依据各主题活动的需要机动调整，比如参观法院会占去半天，而自设法庭就只要每日开庭 40 分钟即可，到了下一个主题，自设法庭就只要一星期开一次就够了（因为学生彼此告状可以忍耐到周末）。 这部分的课表就会每个主题调整一次。

（4）非计划的变化时间：应付突如其来的访客，参加外办活动的邀约，老师被紧急调去受训，家庭需求的变化等都有可能随时打乱原来的时间计划。 有些是意外惊喜，有些是突发事故，有些是心中有预期但不知会如何……这些交织成生命中的另一种变奏。 我们可以事先制订一套应变办法，以从容地准备应变，但这在功课表上是看不出来，也预定不出来的，是隐藏的课程。

（5）空白时间：学龄组的课表看起来满满的，似乎没什么空白时间给学生，其实学生随时会进入自己的空白状态，也是很自由的。 另外，主题活动时间很长，有时用不完，休闲时间也可自己安排，许多老师想教的、不想教的都可能在这个时候呈现了。

这就是构成学龄班学生在校生活时间表的重要内容了（见附表 6 "向阳儿童发展中心功课表"）。

在"时时都在学"的观念里，时间效率就不是什么大问题了。

（四）教学环境的营造——在什么环境教

生态导向课程最大的标榜是——在社会环境中学习，学习即在社会环境中的生活，而且"要让所学成为生活中的一部分，这样的理念是无法在单一的校园中完成的。　至今向阳也还不能完全打破校园的藩篱，但是也想多让学生的学习生活深入社区，如果不是存在安全的顾虑，甚至连一些例行活动也可以安排在社区中（例如健身运动应该到体育场或健身中心），现在最多的是计划中的变化活动（主题活动）较多利用社区环境。

如果社区环境尚未达到自然应用的阶段，学校环境也必须创造出散发主题气氛的感觉，让学生在环境氛围的感觉中学习主题。　这时，学校的环境就是学生那个时期的生活环境，在什么环境中会让人想做什么。　因此，布置环境时，需特别注意环境能起的作用——希望这个环境能给学生什么感觉？　希望学生在这环境中怎么反应？　学生在这环境中能学到什么？　学生怎么应用这个环境中的事物？

构想环境时也用脑力激荡的方式，由老师们一起讨论，可以用一个问题来启发思维，例如"你觉得学校像什么？"在集思广益中，凸显主题的环境特征就被一一提出来了，在"少年大学"的环境创意比赛中，诸如"园林式大学""绿色学校""青年俱乐部""太空城"等点子都有，经过票选，最后决定该主题的环境要像个"中国的古典书院"，大家就往这个想象去设计学校环境。　那么，这个书院有什么空间呢？　　是"杏坛"，学生会是"论坛"，图书室是"藏经阁"，午休处　　　　　　而厨房是"伙房"，餐厅是"膳房"，厕所当然是"茅房"　　　　欢笑之后，就开始分工动手布置了。

这些名称、位置会在上课时让学　　　　　，决定后再由学生制作一些小东西去装饰布置，但老师会先把全校空间的布局做出一个方案（如搬动大柜子、粉刷、加装照明、准备学生的工具柜等大事要先做）。　在这种环境功能的观念下，向阳的空间曾经出现过"说悄悄话的约会茶座""法庭""篝火坝子""长江""咖啡厅""鸣剑山庄""向阳超市""江津县城"等的场景，有些场景会成为长期存在的一隅（只要它占有学生生活的一席之地），如资源回收桶、广播站、小茶座、化妆台、修理站等。

要经营一个学生能被充分接受、支持，而且能达成各种教育目标的社区环境需要学校更深入地营造，向阳中心的老师也投入不少精力于社区工作，此部分可参考之后的"社区也疯狂"，但这也只能是一个曾经努力过的记载而已，离理想的社区还有很长一段路要走。 如果没有一个开放的、适合人的学习与发展的社区，生态导向的教育将成为堂吉诃德的梦幻。

（五）相关科目的教学设计——为主题服务，基本技能的训练

除了主题式活动外，还有许多类型的活动（例如日常活动、例行活动）应如何进行？ 安排在功课表上的其他活动和主题活动的关系如何？ 在传统功课表上面常看到的语文、数学、音乐等科目哪里去了？ 以下专门就学龄班的相关科目的设计做介绍。

1.语文、数学学科

融入主题活动，根据需要进行语文、数学的指导：语文、数学在生活中无处不在，如果学生不具备基本的语文、数学能力，有些活动就需要别人协助、指点才能参与。 在学前组开设了基础语文、数学学科，就是希望为低龄学生打好语、数基础，到了小学阶段仍以发展性、逻辑性的语文、数学为目标，但过了十二三岁，语文、数学的学习就从基础性逐渐转移成功能性，也就是不太强调学科的知识性学习，而是以实际生活的需要来解决语文、数学的问题。 例如坐公交时要看路线，就面临路线数字的认识；要填报名表，就牵涉到了解表格内容及如何填写的语文问题。 这些技能就在主题活动时间教学，如果要加强学习，就开辟"生活语文""生活数学"的咨询处，面临困难时到"咨询处"去求教，来解决该项语数问题，当然坐镇咨询处的专家就是语数老师了。

语数咨询怎么操作？ 就和一般人上咨询处咨询各种各样的问题一样的程序，只是老师在回答、指导时会依据学生能懂、能做的程度设计不同的解决方法，指导来询学生反复练习。 咨询的作用和基础语数学科的教学差不多，但这过程让学生感觉较有意义，因为他不是为了学课本上的题目而学，而是

为了解决自己活动中面临的问题而学。 例如以前语文课学抄"男、女"两个字是因为它们是课本上的生字，现在学抄"男、女"或圈起"男、女"两个字是为了填写自己的报名表，好完成"向阳少年大学"的报考手续。 学了有用，积极性就来了。

以符合学生水平的回应来培养学生的语文、数学能力，其教学策略为：①在环境中长期的视觉提示的设计；②以图片配文字协助记忆与理解；③教导学生自我学习策略（例如查字典找字义、查数据找资源解决操作制作方面的问题）；④听录音反复仿说问题问句，学习如何发问求助。

2.艺能活动

艺能活动从艺术素养的培养逐步转成兴趣嗜好的培养。 学生日后有许多空白时间，必须能进行自我休闲，但自我休闲需有兴趣才能持久，而兴趣来自专长。 学生有什么专长呢？ 有什么足以当休闲的技能呢？ 这就要靠在学校生活中排出空闲时间，指导学生练习休闲技能，就像一个人要有钱才能学用钱一样，在每日的空闲时间教学生，绘画、书法、棋牌、音乐等是选课活动，学生可依个人嗜好选择。 教学时，老师也像民间的艺人一样，指导徒弟从事该项艺术活动。 以后计划更进一步邀请民间真正的艺术家莅临指导孩子，甚至模仿美国"光谱计划"的师傅方案，让每个学生在社区中找到一位师傅，拜师学艺，建立永久的师徒关系，学生的一生将受用不尽，而此艺术家的修为又可以通过学校向社区推介，提升社区之艺文品味，对各方有利。学校居间调节，成为社区文化生活的促进者，将逐步受到社区居民的肯定、看重。 届时必使学校及学生成为社区中受欢迎的一分子。

3.班干活动

相当于一般学校中的社团活动。 目前，向阳有三个常设社团，由同学选择加入（老师先起主导作用），一是伙食团，管理全校午餐的菜单设计及午餐意见征询，每周一和炊事员一同上市场采物、择菜、淘米，喜欢做家事的同学一般会选伙食团。 二是广播组，负责全校早、中、下午各一次的校内播音（向阳广播站），由记者、编辑、播音三位同学制作和播出每日金曲、点歌时间、向阳新闻、报菜名、好人好事等栏目。 三是板报社，负责学校门口展板的设计、制作，收集各班活动动态、教材、照片等，以及维护与家长沟通的园地，另有一位学生负责"向阳报"的不定期出刊（配合家长会办的通讯）。 这些社团活动构成了他们每周一的忙碌生活。

4.开班会

班会的目的是培养讨论、思考、选择的技能，以前认为智障者缺乏抽象思考、言语沟通及判断选择能力，在课程安排、活动设计上就一直回避采用讨论、探究式的教学，这又使他们更不习于思考、判断及表达选择。 为此，我们认为讨论、判断、选择是一种技能，是可以教导、练习的，因此在学生的生活中建立了一个需要讨论、决定的例行活动——开会，让学生们自己决定生活中的、真的可以实践的事。 例如去哪里买自行车？ 如何才不会忘了插电锅煮饭？ 谁当班长？ 班级清洁工作如何分配？ 如何为同学庆生等。一定要让学生看到讨论决议后的效力，而开会的能力可以经由一次次相同会议议程的练习而熟练，至于如何让学生应用他的方法表达意见，如何刺激学生想更多点子，如何让学生更理解讨论事项，如何让学生做出更合理的选择，倾听、解释、澄清、同理等技巧也可以在沟通训练中教给他们，重要的是，经由这些练习，学生重拾了管理自己班级生活的能力。

5.职业劳动

劳动习惯必须从小培养，而服务精神更是要长期督促，职业劳动并不是为了训练大龄学生的一技之长，而是为了养成每日必行的"完成工作"的负责态度与对"工作"的体认。 工作不一定为了谋生，也可以是体现自己对社会的服务能力，必须成为生活中的例行活动。 因此，模拟工作环境及作业程序，设计了一些劳动事务（如装配圆珠笔），以及一些真正有用的劳务（如为图书盖公章，为午餐做准备），坚持每天在固定的时间（午餐前半小时）从事。 然后在每周五练习结算工资。 工资虽然微薄，但都是每天劳动所得，而且有了自己的工资，学生便有了一点自己可支配的小钱，这作用就大了——既可以让学生学习如何使用、管理真正的金钱，也可以作为强化或消弱学生行为的有效强化物。 在以前智障学生一般没有自己的钱，也就无从体会钱的用途及重要，老师只能用一些食物、代币来奖励学生，学生的自我管理能力就一直建立不起来，人之自主，要先能自立。 自立要有自己的本领以及资源，从一点钱的掌控开始，学生可以踏入自主之路，一般人也是如此。

除了以上较师法自然的"科目"外，向阳学前班仍保有的"早操""点名""常规训练""前语言训练""动作机能训练"等科目，以适合学生的不同需求，此处不特别介绍，可参考下一篇（体验篇）该科任老师的经验谈。

六、社区也疯狂——打造一个学习型社区

想象一下这样的社区：

房子都是按照阳光的走向与风的流动来盖的，冬暖夏凉的材质与成荫的绿树栽培了满屋的清新自然！ 人造的空调与破坏生态的设备在此是多余的！

人们都和善谦虚，互相悦纳，为了让每个人都能享用社区，在社区中欢度一生，社区已成为一个能照护各种需求的系统，而人人也能为别人，为社区做出重要的贡献！

智力障碍者可以为社区带来爱与资源。

因为智力障碍者在这里，艺术家来了，环保专家来了，带动了社区的文化与健康生活；因为智力障碍者在这里，医疗人员来了，福利服务来了，带动了社区的医疗复健品质；因为智力障碍者在这里，吸引了一批又一批有爱心，能做事的专业人员或志愿者，带动了社区互助、关怀的氛围；因为智力障碍者在这里，这个社区成为一个全方位的无障碍空间。 因为所有的这些，这个社区成为一个更适合人居住的社区。

而社区中的文化设施、运动设施、休闲设施、医疗设施、科学设施等都是社区孩子共同学习的地方，每一个设施都有一套教育居民及孩子的计划、教材以及专业人员，随时可以依照上门者的程度及需求协助学习。 美术馆教美术，音乐厅教音乐，公园教生物，医院教健康，体育场员工指导孩童运

动，图书馆员工指导阅读，这些都是社区能为孩子做的服务，包括智力障碍的孩子。

这样的一个社区，不但对智力障碍的孩子有益，一般的孩子、居民也能在其中学习、成长。 为了人和社区的可持续发展，人人在学习，处处可学习，使这个社区成为一个以学习为目的的学习型社区，任何社区中的人都能和自己的社区不断地前进。

这样的一个社区不能只靠想象，要有人营造、促变，持生态观点的可以扮演这个促成者的角色，学习社区工作的方法，介入社区的事物，提倡社区的意识，分析社区中各种角色需求的生态关系，找到引发变化的关键，投入心力，创造条件，使社区逐步往互相关怀、相辅相成的境地发展。

而那时，老师也不再只是老师，而是一个优质生活的创造者，而他的背后，也不再只是物理治疗、作业治疗等治疗人员，而是社会工作者、文化工作者、艺术工作者、生态工作者等生态社区所需的人力资源。 学校也不再只是一个学校，它还是一个学生学习计划的规划处，学习资源的协调处，社区发展的研究处与社区发展的倡议处，有人开玩笑说："那不就是一个市政建设处吗？"是的，教育的建设与市政的建设是息息相关的，而市政建设的最高理想，不就是建设一个永远在进步的学习型社会吗？

七、总结：生态课程的最高理想

生态课程的最高理想，应是期待每个生命在人生的每个阶段都能获得优质生态的滋养，试图在人工化、形塑化的现代教育模式之外另找出路，让教育能更呵护生命的本然，让人性可以回归到热情质朴的初始状态，强调生态的教育环境与生态式教学的营造，始终达成人与环境的协调发展，享有大自然赐予的无尽宝藏！

因此在人们接受教育的年龄，应该模拟生态的作息、环境、活动等来和环境中的生命互动，学习生态化生活的态度和技能；年长以后，应该能以生态化的生活方式来经营周遭环境，让环境更能滋养众生，让自己也成为优质生态环境中的一员。

生态导向的课程期许这样的课程发展，这种课程发展才能真正实现整体生命的可持续发展，生态导向的教育相信只有能感受并响应大自然的生命才是合乎人性需求的生命，可惜现代的教育，一旦享有了人工、科技的便利之后，唯恐进展速度落于人后，便不敢再谈生态自然了。

于是我们有了不追求竞争、不追求表象的特殊教育，特殊需要的人们，似乎有了一个机会，要比普通人更早一步融入大家敢望不敢求的环境生态，享有绿色、健康、生意盎然的优质人生。这样的特殊教育，成为护守人类美善心灵的堡垒，当人们需要不忘初心，回归本质时，蓦然回首，发现还保有这一块净土！这有待特殊教育领域中每一个生命的坚守和努力！

/体验篇/

第四章 生态导向课程实例——学龄班

一、生活主题——创造生命中的盼望

戴玉敏

2000 年 3 月，杨元享老师应邀来向阳。 他的到来，给我们老师带来心灵的震撼，把我们带入特殊教育的更高境界。 他让我们更加深入地体会特殊教育可让生命进入一种美学境界中，是自由生命的完整过程，让每一个完整的或残缺的生命都在努力地完成自我，实现自我，展示自己的完整生命。 我们的工作就是如此，我们要在工作中努力地完成自我，同时也让每个学生都能努力地完成自我，展示生命的魅力。

教育是门艺术，是师生共同创作、共同演奏的扣人心弦的乐曲，老师、学生均是拨动弦律的主角。 老师不是教书匠，工作不仅仅是用来谋生的手段，工作是生活方式，它与生活融为一体。 我们要在工作中体会生活是如此有生趣，如此丰富多彩！ 我们的教育工作是关心学生的生活内容、生活方式、生活品质。 他们的学习也不是机械的苦力训练，劳其筋骨地为将来的生活预备。 在生态导向课程观念中，现在的学习是他们正在身处其中的生活方式，学习即是生活。

我们参加了杨老师主讲的"生态导向的特殊教育新纪元"研习班，这是我们老师第一次完整地接触到生态导向课程的理论与实施的构想，从那时，向阳便踏上了"生态导向课程"的探索之路。 生态导向课程让我们开始关注我们的教书生涯与学生的学习生涯；关注我们共同在一起的每一天是怎样度过的；关注我们生命的完整是怎样展现的。 我们开始体会人性自由化的教育，让学生懂得尊重自己、尊重他人，让他成为他自己。　经过这几学期的探索与实践，我们找到了一种前所未有的感觉，创意、开放的教学活动深深地吸引着老师与学生。　在平凡的生活中创意生活的不平凡，实现生命最有意义的价值——这就是从生态导向课程中最宝贵的收获。

1.创意性的生活主题创造我们的生活情境

教学环境、教学活动、学习过程、学习效果及师生的真实感受，是生态导向课程理念中最注重的部分，它将直接关系到课程实施的品质，及老师与学生教与学的生活品质。　和以前传统的以生活为核心的单元教学模式作比较，最能说明生态导向课程让每一位参与的人有完全不同的感受。　传统的教学模式是以生活问题为核心的，学生只需解决生活中将要面临的问题，依我们学生的能力来看，他们有可能几个学期面临同样几个问题，这些问题在学生的 IEP 中体现出来。　单元主题一般是从学生的 IEP 中的长期目标去找。在学期末讨论单元主题时，一般是先看学生的 IEP 目标中的长期目标，看哪些长期目标比较适合进行单元主题教学就选为教学主题，再考虑一些相关的季节、节庆与学校大事记。　这种产生教学主题的方式从老师角度来讲，就觉得主题的选择有些勉强，但又不得不认真查看学生的长期目标，东拼西凑地组合成一学期的单元主题。　每个学期的学习内容都差不多，受到学生 IEP 及学生的能力限制，几学期讨论的主题都离不开几个大的主题，如生活自理、上街购物、人际交往等。　主题讨论缺乏创意性及生动性，单元主题之间的连接不是那么自然，好像每个单元之间没有很大的关系，被切割开来。

现在有生态导向课程理论的指引，每学期期末的教学活动主题讨论中，老师感觉到了很大改变，老师与学生共同生活在教学主题之中，教学即是生活，学习也即是生活。　我们要努力把生活变得有声有色，其中老师、学生就是主角，单元主题被称为"生活主题"。

在生态导向的教学活动探索过程中，经老师互动式讨论，总结了初步形成教学主题的原则及产生主题过程的方法。　原则：合乎儿童的生活经验，是儿童感兴趣的、可自然延续的活动，学生能实际计划讨论与操作的自然主题。 方法：观察儿童的活动，通过了解环境，分析学校、社区发生的大事，分析学生生活中的一天、一周、一月、一季度、半年、一年中会做的事，配合学生一般性的目标，并与学生共同讨论家长、学生、老师都感兴趣的主题。 教学主题有时也来自学生自己对生活的期望。 在为每一个学生召开IEP 会议时，我们先调查学生和家庭基本资料、期望及未来的安置，这可以帮助我们找到灵感。 我们常问学生："你的理想是什么？ 你喜欢什么？ 你想干什么？"我们随时关注着他们对自己身处其中的生活环境以理解、期望——这都是因为，我们的工作就是让他们自己在生命的历程中，能努力完成自己、实现自己。

现在的生活主题的产生过程，不再受太多的约束，讨论的方式及出发点也与以前大不一样，正因为有如此变化，在每学期期末的生活主题讨论的时刻，就是我们老师最开心、最激动的时刻。 讨论成为教师藏在心底的快乐，我们在此时会不断地设想：下学期，我们与学生会在怎样的教学环境，即生活环境中学习与生活呢？ 怎样展现自己生命的快乐呢？

讨论教学主题时，在产生主题原则的指导之下，到底怎样的教学环境能同时吸引着学生与老师，以及家长？ 经过多次的探索，发现教学讨论不再受固定的格式限制，我们不必先看已有的学生 IEP 中的长期目标，不必受它的限制。 我们让每一位老师用脑力激荡法设想：假如自己就是学生，依据自己的想法，上学的原因是什么？ 我为什么来上学？ 我在学校一天、一月、一学期的生活是怎样度过的？ 我们每一位老师心中不会有负担，每人都可以大胆、自由、开放地设想，"我到向阳中心上学，是因为……"。 你可以引用别人的主题，也可以自由地创造别人意想不到的主题，这极有可能被大家选中，作为下学期的教学主题。 大家畅所欲言，把尽可能想到的、看到的、体会到的、自我创意的，全说出来，也没有谁对谁错的问题，这是最开心的时刻！ 在设想的主题中，每位老师选择自己最喜欢的主题，将主题排名。 每位老师都希望自己的创意可以中选，并得到大家的认可，所以在讨论教学主题时教师们都很投入。

　　我总回忆起关于生活主题"鸣剑山庄"的产生过程，这是我最喜欢的教学主题。"鸣剑山庄"的灵感来自学生。 那时电视连续剧《还珠格格》深受学生的喜爱，小燕子、紫薇等成为他们崇拜的对象。 学生在聊天时不断地提到他们，他们谈论时，旁人也许只能听出小燕子、格格等几个字，但他们很投入。 珍同学的理想就是当小燕子，思同学成天就唱《有一个姑娘》，伟同学就喜欢五阿哥，说"凶得很"（武功高）。 在期末，针对下学期的教学主题讨论时，有一位老师考虑从学生的理想出发，假设道："我到向阳中心上学，因为学校就像个电视剧拍摄场地，我可以当演员。"就这样，学生的理想成为现实。 我们一致选择了学校就是武侠电视剧中的"武林大会"场地的假设。 由"武林大会"开始，引出这一学期的教学主题，主题的主线是侠士侠女参加武林大会。 老师们不断地提出相关问题，从问题的答案中又延伸更多的问题，这样尽可能把相关的主题内容扩散构想出来。 例如武林大会时会发生什么事？ 比武。 哪些人比武？ 一般是两个门派。 那我们学校也要成立两个门派吗？ 怎样才能参加武林大会？

　　依据以上内容，配合学生一般性的目标、相关的时令、学校及社区中的重大事件等，选出重要的学生比较感兴趣的作为教学主题。 下面是经讨论的一学期生活主题规划：

　　参加武林大会的应该有各武林门派和挑战的对手。

——生活主题：×× 山庄

↓

　　有了自己的门派，那就得做好门派内的管理，如师兄妹的排名、大管家等。

——生活主题：大管家

↓

　　既是同门师兄妹，那应该怎样相处呢？　　——生活主题：我们都是一家人

↓

　　怎样做武林侠士侠女，他们是怎样行侠仗义的？

——生活主题：少年包青天

↓

当侠士侠女遇到困难时,是怎样面对的?

——生活主题:笑看人生

↓

侠士侠女最喜欢隐居山林,练习武功,他们是怎样自己生活的?

——生活主题:秋收

↓

练成绝世武功,下山了,我们要成为一个真正的侠客。

——生活主题:独行侠

↓

举办武林同盟会,邀请天下各门派及武林好友参加。

——生活主题:武林同盟会

　　在学校举办武林大会是多么新鲜的事情。 这么有趣的教学主题,这么生动的教学环境,让老师们很高兴,猜想这一定能吸引学生。 果然不出所料,学生们都特别喜欢这个主题。

　　生活主题的产生过程,就是在不断地"设想—提问—解答"中找到灵感。 用这种方式讨论,老师们的反响很好,到学期末讨论下一学期生活主题时,又如此讨论,产生了生活主题"向阳超市",由"向阳超市"自然地发展出相关的主题。 这学期又产生了生活主题"少年大学",由"少年大学"里学生的生活发展出相关的主题。 这样,教学主题之间自然地连接,生活自然地发展,生命历程自然地延续。

　　进行生活主题排序时,再参照学生的 IEP 中长期目标,写出主题的一般性目标及主题名称。 请注意,这里的主题活动及主题名称是老师构想的,虽然都尽量设想这些活动可能是老师和学生都同时喜欢的,但我们老师不能代表学生的心声、兴趣及选择,以及对生活的理解程度,等到在实际的教学活动中,学生开始讨论这个主题时,这些构想内容会有变化,很有可能被老师与学生重新命名。

　　2.开放性的主题教材分析及活动设计,丰富我们的生活

　　一个生活主题的教材分析，一般采用的是归纳法，这样有利于老师发散思维，尽可能地思考出这个主题之下方方面面的内容，不局限于知识、技能、情意态度这三方面。传统的以生活为核心单元的教学主题教材分析方式，一般是用演绎法，从知识、技能、情意态度三方面去考虑教材，把每个项目分析得详详细细，还得参照分在这个单元的学生的短期目标，把每一项目落实到具体某个学生。在教学时特别注重学生对教材内容的学习效果，关注定好的短期目标是否达成，忽略了在教学过程中学生可以学习到与目标无关的其他技能。而生态课程把教材分析范围扩大了，加入了老师和学生对这个生活主题的觉知程度，引导自主学习的策略，以及与社区、生态有关的内容。

　　在生活主题"山城棒棒军"的教材分析中，开启了比较合适的讨论方法，即用画概念图的方式来引导大家讨论。由"山城棒棒军"引出问题：穿什么？怎么打发空闲时间的？吃什么？做什么？钱是怎么来的？住在哪里？环境怎么样？辛苦吗？他们会有困难吗？他们为什么当棒棒军？他们做事时的态度是怎么样的？钱是怎么用的？……一直追问下去，然后归纳总结一下就成了教材分析，再选择与主题的一般性目标有关的内容作为教学设计的重点，确定活动发展的构想。与传统的核心单元不同的是，有些情况下，教材分析中有的内容没有详细讨论，只是提出了问题，并没有标准的答案，也没有学生详细的目标分工表，这是专门留着让学生来解答的。

　　生活主题活动发展的构想，一般先想活动进行到最后的高潮是什么？什么活动能把全体师生同时吸引到兴趣的最高点？围绕高潮活动来反推活动过程的发展。活动过程的设计一般按照事情自然顺序发展，分为引起动机活动、讨论计划活动、执行与准备活动、结束活动、延续活动。由引起动机活动来引入主题活动，讨论计划决定生活主题的活动内容或完成什么作品。例如结束活动是什么？大型活动是什么？接下来为了完成这个大的活动内容，还需讨论计划执行的一系列小型活动。小活动之间的关系可以是事物的自然发展，也可以是并列的活动。如"少年包青天"每天的活动是大家学习

（向阳修定版的）法律条文，以当日原告提的"案件"来开展活动。

生活主题引出相关的能力，使功课表中其他科目围绕主题开展活动。 主题活动与语文、数学课有时是分开的。 曾有一个学期我们尝试过生活主题活动设计没有语文、数学课。 在生活主题活动中，学生在情境中一发现问题就立即解决问题，如不会认的字，立即查字典或请教老师；有关于数的问题立即找出解决方法，练习精熟了，再将这些知识应用于主题生活中，学习目的很明确，学生又能记住这些知识与技能。 但因这种方式不太适合语数的逻辑发展教学，后来又恢复了语数课时间，但上课的形式改变了。 如在"少年大学"主题中，上课的内容是学生在活动中遇到的问题、困惑的地方。 学生在助教的协助下做好记录，到了语文、数学咨询活动课时提出问题，让老师带着学生解决问题，找出规律并做解答，语文与数学的功能性更强了。

茶叙课与班会一般是引起主题讨论的，也是生活主题的一部分。 下午的团体活动有可能配合主题，有可能不配合主题，这就看主题的需要了。

3.生动的环境布置让我们身处于生活的快活林

每个学期的生活主题所创造出来的教学环境不同，我们每个学期都会做环境的布置，让教室环境、学校环境的布置符合生活主题需要的情境。 我们考虑到学校每个角落的功能与风格，组合成一个功能较为齐全的生活环境，能完全地表现生活主题。

讨论环境布置时，先看在主题讨论时的设想，再来设想教学环境：怎样的环境会让老师与学生进入一种身临其境的感觉，一进入这个环境就能感受到生活主题的氛围。 通常老师会集体讨论出环境布置的内容，但有些环境布置是经由学生讨论后布置的。

每学期开学前，我们会花一周的时间来布置学校环境。 为了减少经费开支，布置时一般是废物利用，自己制作，虽然有些时候布置出来的环境有点寒酸，但大家都很喜欢。

如在"武林大会"主题时，学校变了"鸣剑山庄"，一、二班的师生住在"三家村""戴家湾""胡家店"和"张家口"，三家村的"忠义堂"是开会、上茶叙课的地方，里面还有"面店""酒家""藏经阁（书架）""伙房（厨房）""练功房（机能训练室）""干、坤（男女厕所）""兵器库（资源中心）""武林大会较场（体能室）"等。三班住在"少林寺"，布置也是仿古的。学生一进入这样的环境自然地联想自己就是三家村的人，就遵守三家村的村规。"鸣剑山庄"山门的布置，是三位老师花了三天的时间，在一块大布上画出山门，小心翼翼地着上色，再挂在学校大门上才完成的。"忠义堂"需要一副对联，因找不到适合的人书写，三位老师自制了一幅对联："书声笑声声声入耳，家事校事事事关心"，横批是"其乐无穷"，还真有点像是出自大书法家的手笔。又如"向阳超市"主题中，一班教室被布置成了职工俱乐部，老师与学生一起布置了美容院、休闲咖啡屋、办公室、图书馆等。"少年大学"主题中一班教室成了古典书院等。

环境区域的名称，老师会尊重学生的意见，大部分由学生来定，如"少年大学"的书院由老师布置好了以后，学生聚在一起为书院取名，有的学生取名叫"千千书院"，原来有电视剧叫《千千书院》，千千是人的名字，于是大家以此类推，取了"思思书院""跃明书院""老师书院"等多个名字、生动的环境布置，很自然地将老师与学生引入生活主题的教学情境。

4.掀起生命波澜的开场

如何将学生自然地引入主题，不留有将主题强加于学生的痕迹？学生怎么知道这个生活主题的名称是什么？学生怎么能理解自己身在其中的生活环境？学生怎么能主动去了解与探索？这个生活环境中，如何让学生很明确地知道这个生活主题？这是我们在教学过程中最需思考的问题。

在引起动机阶段，教师要设法使学生对这个主题有一种急切的需要和盼望。主题的开场要各有特色，有的生活主题在茶叙课，或外出参观中产生，在大家轻松地聊天或讨论的过程中，在得到大家的表决与赞同后进入主题，再来确定讨论生活主题的名称。有的主题的开场场面很大，老师与学生都为之惊讶；有的主题的开场是个谜，学生一直想解开的谜；有的主题的开场是一件突发性的事件，让学生不得不马上想办法处理；有的主题是接受到邀请或参观，看到行为的示范后引发学生想出主题……学期刚开始的教学构想时订的生活主题名称是暂时的，还可能有些生活主题的名称没有确定，只有在主题之下再考虑学生需要达成的一般性的教学目标，再让学生自己命名，这样主题名称才是它的正名。 主题不管是怎样的开场，总的原则是，要让学生用自己的方式，真正地感觉到这个教学主题的教学情境，思考自己应该有什么样的行为表现，避免学生处于被告知要学什么内容的境况，而应让学生用自己的行为及语言表达出来他们自己的需要。

如"向阳之星大舞台"就是由学生命名的，因为珍同学最喜欢看电视节目《银河之星大舞台》。 她平时喜欢收集小燕子的明星照，老师拿出几张明星画，就以这个为聊天的话题，聊小燕子是什么样的人物（女主角），扮演者是谁（赵薇），会唱什么歌（《有一个姑娘》《拨浪鼓》）。 大家正聊得高兴时，老师问大家，想不想当明星，全体同学高兴地欢呼，忙回答"想当"，再征求不易参与聊天的同学意见，直到大家都想当"明星"后，大家就想出当明星的条件是什么（会唱歌、会表演、有舞台、有明星照、打扮漂亮、开演唱会、观众、评委……）。 经过大家讨论后，决定开"明星演唱会"，大家又开始为演唱会取名，珍同学这时很自信地发表意见："就叫银河之星大舞台吧！"大家对这个节目较为熟悉，选票最高，这样，"向阳之星大舞台"的生活主题就这样产生了。 大家都很开心，很投入，邀请三班的同学来当观众，家长来当评委，开始了紧张的场地布置及才艺训练。

又如预定的生活主题"少年包青天"，老师以为学生会很喜欢包公这个人物，哪知对于判案还是"法官"的影响力更大，于是大家一致同意改名叫"大法官"。 它的开场是：全体学生正热热闹闹地看上周生活主题"笔友会"的照片，忽然黎姆抚着脸"哭哭啼啼"地进教室（事先设计好的事件，老师假装没看见），有四位学生发现了这一个情况，小宇马上上前安慰，轻拍着黎姆肩膀叫其不哭，小伟去倒水，小珍撕卫生纸，小明急忙叫老师看，这时老师才注意到这件事，上前关心与询问，得知原来是黎姆放在她桌子上的钱包不见了。 大家开始讨论怎样为黎姆找回钱包，有人说到桌子那边找，有人说被偷了，有人说打110……最后老师建议让"鸣剑山庄"来管这件事，就像是包青天一样来查案。小宇马上表示不同意，查案的应该是法官，于是主题名称改为"大法官"。未来的"法官"们在老师的引导下，开始调查黎姆钱包事件，先问黎姆放在哪个地方？（在她的桌上）然后大家去桌子的各个角落找（没找到），又问黎姆曾走过哪些地方？（黎姆说了好几个地方）大家分头去找，终于被一组的同学找到，原来是落在厕所的角落。黎姆非常感谢大家，我们也很高兴。这是我们第一个案件，大家都很自豪。然后开始讨论法官们审案是什么样子，这时小马就很激动地吐着舌头表示可以问她妈妈，因为她妈妈是律师，从而引出去江津人民法院参观审案的建议，接下来是大家一起学习中华人民共和国的法律（选择了具有代表性的学生能理解的法律），制定"向阳法庭的法规"，成立"向阳法庭"。

5.讨论让学生成为生命的主人，成为他自己

生态课程改变了学生的学习地位。整个教学活动本着以学生为本位的精神原则，从学生的兴趣出发，在学生的生活经验中找出相关的主题，让学生在其中体验生活、分享生活经验，让学生去学习解决自己在生活中遇到的难题。在教学过程中，学习的主动力源于自身的迷惑与需求，从而产生主动的探索，学生主导活动的进行，他们讨论、计划与决定活动内容。大家合作讨论制订活动计划，再分成小组讨论制订小组计划，大家协同执行完成活动计划的内容，结束活动时大家聚在一起分享经验与成果，展现自己的作品。整个教学氛围使师生互动、同侪互动，利用了家庭和社区的人员与资源，充分发挥了学生的想象力、创造力及建构知识的能力。

学生进入生活主题的教学情境后，老师就要引导学生讨论，让学生自己决定自己的活动内容，包括大型活动内容。引导学生讨论，回答问题，发现问题，商量解决问题的方法，解决问题，最后展示自己的成果。

让学生自己学会解决问题，即要让学生听得懂、弄得明白，又要能思考、能回答，其中老师的提问技巧很重要。为了能引导学生讨论，老师的在职进修主题专设了"沟通技巧"，让老师学会提问与沟通的技巧，再运用到

学生身上。　对于引导学生讨论的部分，老师会先想好提问的方式，如引导性、启发性、提示性、解释性、假设性的提问，老师提示需要学生回答与讨论内容的部分特征，如时间、地点、某些人物、物品特点、曾经的做法、当时的心情、人物性格等，让学生从提问中明白老师想要他回答的内容。　学生也应该练习听懂几种常用的疑问句的意思，如为什么？　怎么办？　什么样子？　请想一想？　你想做什么？　你该做什么了？　你选择哪一个？　你为什么不这样做？　你为什么不要？　你有什么计划？　如果我们（不）做什么，就会怎么样？　等等。

讨论流程为：发现问题→提出问题→澄清问题→分析问题→解决问题→执行计划方案。　在引导学生做讨论计划时，老师会把这个流程展示出来，让学生明白现在正在做什么。　当然要让我们的学生明白这个流程，是需要一两个学期或更长时间的，不易从一两个主题教学的执行中看出效果。　现在我们的学生能跟着老师引导的提问参与讨论，重点是让学生学会发现问题与想出解决问题的方法，便于以后应用在生活中。

计划讨论内容中，大的活动构想由老师主持讨论，学生回答问题与记录。　一些小型的、具体的、可操作的活动内容则由学生来组织讨论。　他们很难对问题进行自由的探讨，不易从生活中发现问题，也没有问问题的习惯，于是我们就让他们学着提问。　老师设计提问策略与提问格式，并作示范，让学生跟着学习主持讨论。　例：（提出问题）老师问"今天讨论什么？"学生回答"怎么制作坦克？"→（澄清问题）老师再问"制作坦克？"各生再回答一遍。　→（分析问题）老师问"坦克是什么样子？"各生想办法、查资料，找到坦克图片→（解决问题）老师问"怎么制作呢？"各生想出办法→（分工制作）。　老师是他们的好组员，帮着出主意并协助组员回答，随时提醒主持人注视正在发言的人，并重复一遍发言人的答案（积极地聆听）。　各组员必须注意主持人的问题或模仿回答相关的内容。

学生在讨论时所说的、所选择的、所制作的均受到大家的尊重。　在回答老师的引导性的问题时，并不是所有的提问或解释都是学生能完全理解与回答的，这时助教老师就要协助学生来理解与回答、选择。 表达的方式有很多种，如口语、手势、身体动作、书面圈选、指出相关的物品等。 讨论通过的决定，学生都要按计划执行，培养他们对自己认同的讨论结果负责的意识。

当然不是所有学生都能参与讨论，特别是能力差或注意力差的学生。 所以在主题教学活动构想时，应将学生分为语言讨论组（注意力与理解力较好的学生）、操作讨论组（注意力与理解力较差的学生），不同组的学生的讨论方法完全不同。 语言讨论组就按上面的讨论方法讨论，等待学生自己组织思维来回答讨论的内容，讨论的内容可以推后来执行，先培养学生解决问题的能力；操作组也开展讨论，老师主要以征求学生的意见为主，讨论的内容很具体、简单，有的只是物品的选择，讨论后很容易执行，如用什么来剪？ 花放在哪里好看？ 你喜欢跟谁一组讨论？ 你想选哪一个？ 学生可以用选择的方法来回答，或者老师小声地帮他说出答案，他模仿再回答一次，讨论一个问题就执行一个问题，若延宕学生便忘了。 老师事先要做很多与主题讨论有关的教具放在资源区，包括图片、文字、照片、物品、示范样品、文具用品等，以备在讨论时可以提示学生，让学生选择回答。

因为很多的主意都是学生自己的想法，是经过讨论后的活动，所以学生的参与性与主动性很强，毕竟自己在大家面前认领自己的工作内容，不管怎样，终究还是要自己想办法完成，当完成的作品展现出来时，能得到大家的赞同与夸奖就会有成就感。 学生的责任感增强了，这比很多增强物更能促进学生的主动性。

6.记录让学生不忘生活中重要的事

在上课的时候，老师的板书及计划展示方式也很重要。 老师把引导学生讨论的团体计划贴在计划栏处，可以随时看到并提醒大家执行。 计划的内容要让学生能懂，一般配简图，或画成关系图。 如果相关计划里有时间进度、人员分工、材料准备等内容时，我们会用固定的表格来记录讨论与计划的内容，让学生学习看计划表，如下图所示：

时　间	事　项	物品材料	负责人	检　查

计划表格的内容填写可以用贴的方式，如贴日历、贴图片、贴名字。只要学生能看懂、能应用就行。

每个学生都有自己的计划本，随时记录与自己相关的事情。全语言教学法在这里发挥得淋漓尽致，学生大多都不会写字，只会简单的那么几笔，或者乱画。我们通常让学生观察物品的外观与形状，或动作的表达方式，用自己能了解的方式记录下来，复述几遍，再让他报告出来，老师在其记录的旁边写明他表达的内容。操作组的学生可以用贴图片的方式，将讨论的内容贴在自己的计划本上，也可以用指出来的方式来参与讨论或回答。通常学生只要记录下来，都能说出并记住生活主题的内容，特别是自己认领的任务，都能去执行。这样自然而然地增进了学生执行计划的能力。

7.资源中心让学生拥有自主学习的空间

由生态导向课程强调学生在学习活动中的自主学习，除了让学生在活动内容计划中作主外，引导学生执行过程也很重要，比如说很多活动讨论出来需要的道具，若学生不易找到，那又需要老师帮忙去做很多事情，学生的独立性受到影响；如果讨论中需要什么工具能方便地找到，学生就能独立地执行任务。我们一班教室的一角常设有资源中心，为师生在制作进程中提供方便。资源中心里有长期提供的物资有如彩色笔、铅笔、剪刀、胶水、订书机、刀、夹子、绳子、形状板、尺、厚纸板、大白纸、小张纸、彩色纸、物品图片、照片、向阳字典等，并按照主题活动的要求临时加入其他物资。

设置资源中心时，选择的位置要方便学生进入，资源用品用篮子分类装好，贴上名称，便于学生随时取用。特别是操作组的学生，他们经常能拿出相应的物品或把物品放入相应的工具篮内，久而久之，自然而然就学会了物品分类。每学期都会安排一个学生专门负责这个区域的管理，将弄乱了的工具分类放好，没有了或是损坏了的物品，要马上报告老师以便及时添加。

资源中心随时开放，平时学生一想到要制作什么时，自己就可以去拿道具来做，不用等老师的指令。记得有一次某一学生过生日，中午她不睡觉，悄悄地为自己制作生日卡片，放学时她将卡片很神秘地拿给老师看，说："老师，我自己做的。"资源中心就这样促成了学生自主学习的能力。

8.自然支持让学生找到生命中的第二位老师

随着生活主题内容更自然化、社区化、生态化，我们教学情境的范围扩大了，并广泛地利用到社区资源，包括商店、菜市场、公司、工厂、法院、政府、社区学校等。在社区中找到示范者与协助者，由他们来指导学生行为，他们就成为了学生最真实的指导老师。

利用社区的自然支持，老师需事先去和社区的人沟通，让社区中的人了解我们的学生，及如何对待学生、如何指导学生，等到我们带学生去学习、参观或购物时，社区中人的怪异眼光自然减少，大多都能配合老师的教学，学生更全面地学习到相关的知识。

如在生活主题"我的未来不是梦"中，我们去江津荷花牌米花糖厂参观，目的是让学生了解工人的工作与生活。老师事先与米花糖厂的负责人联系好，说明我们去的目的及需要他们配合的地方，当我们去参观时，受到很好的接待。主任亲自带我们参观厂区，了解工人在工作时的状态及工作流程，他们还特意安排一位技术优秀的工人来介绍工人的生活，接受学生的访问，虽然我们的学生语言表达不好，而且好几个学生都有自己奇特的表达方式，他们仍耐心地倾听学生的访问，与学生交谈。学生们很久都记得这个主题活动的体验，老师再问学生还去哪里参观好呢？几个学生都会回答："米花糖厂。"

生活主题"大法官"也得到江津区人民法院的支持，让学生了解法律内容与犯罪的行为及后果。生活主题"大管家"去嘉陵摩托车销售及修理部参观，让学生们了解如何将管理的配件分类放好，及如何作管理登记等。

9.多变的角色让教师显得更为重要

老师的角色变化了，不再单纯地教授知识，不再是学生所有需要的代言人，教学也不再是以老师为本位，师生之间不再是发号施令、服从等单向的关系。 在生态导向课程的实践过程中，我们不能用保守的思想来处理师生之间的关系，师生关系应作改变，应该更多一层朋友、同伴的双向关系。 同时老师仍有长者的威信，但这不是在教学中故意摆出长者的尊严，让学生惧怕而服从形成的，而是在相互尊重、相互信赖与互动的关系中逐步建立的。 老师在生态教学活动中上演多种角色的身份，不同的时机有不同的角色，不同角色有不同的言行技巧，不同角色需要不同的专业能力。 这就要求老师不断地学习，不断地反省及修正教学行为，否则有时候老师会忘记自己的角色及应该有的言行技巧是什么。 老师的角色有多种，我们在在职进修时讨论出老师的角色如下：

（1）观察者、记录者、评鉴者：生态导向课程注重在教学过程中的观察与记录，观察学生在活动中的各种行为表现，及学生对老师的感觉、信任度、学生之间的互动交往关系，老师的行为对学生的影响，学生对知识的自我组建的过程，解决问题的方式等。 同时记录重要、特别、有意义的事件，学生学习方式及态度、学生的参与度、师生互动、同伴互动、计划表、团体创作、个人创作等，都有利于达成学生完成活动的策略，出现不是 IEP 目标的特殊行为等。 在我们刚开始实行生态导向课程时，老师每天都要从几个向度来写记录，同时写出在这个教学过程中的真实感受，培养老师的观察记录能力，又便于在生态导向课程实施过程中总结经验与方法。 现在我们老师在做记录时，内容要少些，一般是记录主题活动的进行流程、活动成果、教学策略及学生学习方式及特别行为反应等。 记录还有一个作用是，既可以分析活动构想时设计的活动内容，与学生讨论计划执行的活动内容有什么不同，又可以看到学生的有创意的作品。

在生态导向课程的评鉴中，评量内容有许多方面，除了评量学生在学习过程中 IEP 的达成情况外，还强调评量学生学习过程，关注学生在活动过程中额外学习到的能力，一般要从六个向度评量学生各种能力的变化：①语文、语言表达与理解能力；②数学、科学及逻辑思考能力；③自主性；④创造性、艺术性；⑤人际互动关系；⑥生理发展（动作发展等）。　所以我们在教学过程中，要特别关注学生的每个学习行为，若学生的这个行为我们认为是比较特别的，或以前没有出现过的，或与上一次同一行为相比有所改变，都要作记录。　以上评量内容一般是在学期末时作总评量，而IEP目标的评量每天都做。　在生态导向课程探索中，我们讨论发现，叙写学生IEP目标的方式也应作改变，因此在每学期为学生作IEP计划时，我们只写出长期目标，在每个生活主题教材分析及活动构想出来后，再加入学生的短期目标，这样在每个生活主题中作IEP评量时，可以加入一些学生在活动中表现出来的行为目标，就能记录学生特别重要的行为表现了。

（2）倾听者、沟通者：老师要耐心地倾听学生的言语，注意学生想要表达的意见、看法、情绪、要求等，老师从中获取相关的讯息，必要时帮学生表达需求与意见、抒解学生情绪、厘清学生对某事的看法等，当学生受到老师的尊重时，他就会自然地对老师产生信赖，也愿意多表达、多表现。

（3）引导者、启发者：引导学生发现生活中的问题，将学生引入生态的、快乐的、自主的殿堂，使学生不觉得是被教育，而是在生活、在学习、在操作，并且这些都是学生自己想要的、想做的、想表达的。　老师不直接将答案教给学生，也不直接评判学生的表现，而是逐步启发学生去想办法。　所以我们老师在很多时候都在当"旁观者"，是很会提问题的人，不断地问学生问题，一副打破砂锅问到底的样子，直到学生知道的内容全都回答出来为止，老师再引导学生对回答出来的内容进行归纳、分类、整理，形成有逻辑的答案。

（4）协助者、示范者、资源者、创造者：有些任务是学生无法独立完成的，老师要及时、恰当地给予学生指导与协助。　老师有时要成为什么都会的咨询员，显得知识丰富，什么都能解答。　当学生有问题提出时，老师都能协助他们找到相关的资源与知识。　这就要求我们老师在开始构想设计这个生活主题时，要查阅与主题有关的资料，并制作成学生能查阅的资料。 如"大法官"中老师就成为法律咨询人员，要了解相关的法律，又得制作便于学生翻阅的"向阳版法律书"（即简单、配图片的法律书）。

老师有时又要显得"什么都不会"，须向学生讨教一下，征求学生的意见，让学生做主来解决问题。 老师只是在学生有困难时才伸出手来帮助一下，但这也得征求学生的同意。 老师要变得"什么都不会"是很难的，因为我们长期认为我们的学生不会做或做得一点都不好、或独立性差的观念，我们总是习惯性地对学生的做法指指点点，帮上一把。 到底什么时候老师该放手呢？ 这是我们最难把握的。

从传统性的以教师为本位的教学转变到以学生为本位的教学，教学活动从固定结构转变到开放活动，教学过程从确定性转变到不确定性，怎样的学生比较适合这样的课程，如何克服传统教学模式带来的困扰，这些对生态导向课程来说具有很大的挑战。 我们在教学实践过程中，总觉得我们做的与理想的生态导向课程还相差很远，我们做得也不够好。 这要求我们要有批判与反省的精神，要不停反思我们的教学行为及教学过程，是否符合生态导向课程的理念与要求；反思我们选择的生活主题、学习生活环境，是否真正把我们导入健康优质的人生。 我们要在行动中不断地研究，不断地体会生态课程对我们及学生带来的影响。 生态课程到底是什么样的，我们仍在探索与盼望之中。

二、开会——生活中的重要事件

程庆

在向阳的功课表上，从 2000 年下学期开始，原来的茶叙课变成了班会课。 为什么呢？ 因为我们一班的同学们长大了，他们已从原来的漫无目的地聊天，成长为可以有组织、有计划地进行正式会议了。

1.什么是班会课？

向阳的班会课，是针对一、二班学生设计的，在每周一或周五进行，主要针对本周一、二班的一些单元大事或重要班务做一个讨论与报告。 从 2000 年下学期到 2003 年上学期，班会课又被称为"职工大会"。 这主要是和本学期成立的向阳超市有关，班上所有同学在班级中学习时是学生，但在向阳超市中就是工作人员，所以开会也就涉入其中。

2.向阳一、二班的同学们

向阳一共有三个班级，其中一班与二班的学生年龄相差不远，均在 11～16 岁，所以称为大班，而三班学生大部分在 5～11 岁，所以称为小班。

大班学生目前按进校时间长短可分为两大部分。 一部分是已经在向阳学习了七八年的学生，他们的智力水平大都属于中重度的智力障碍。 他们能够理解并记住每日老师所安排的大小工作，并认真完成：单元课上，他们能在自己理解的基础上积极发言并参与一些他们曾有经验的大小活动讨论；语文课上，他们通过两节课的学习，便能掌握一两个新视觉字（一个完整的动名词）的认识与理解；数学的简单加减法可以通过自己操作计算器来得出结果；他们的说话能力"各有千秋"，有的边发音边借用手势语来说明自己要表达的意思，有的可以用自己的语言滔滔不绝地描述，最终还是只有他自己最清楚这件趣事。 所以聪明的老师就要竖起耳朵注意抓住最关键的词语，给他回馈，以帮助他不断地表现出语言能力来。

另一部分是进入中心约五六年的学生，他们的智力水平属于重度的智力障碍。 他们的词汇量很少，只能说出某个单词，且发音不清晰，只有对他们熟悉的人才能听懂意思，语数能力均刚刚开始涉及图片配文字的学习和数学概念的建立，不过他们能理解并仿说简单的陈述句与疑问句，这使他们在参加讨论时，大概知道大家讨论的内容是什么。

因这样一群学生，我们便开设了班会课。

3.班会课的形式开始朝向普通人开会的方式转变

一开始我们定义班会课为"本周计划课"，主要是为了协助单元课的活动设计，为单元课在本周的顺利进行起到一个预告的作用。　当主要问题说明之后，同学们还可以自由地交谈聊天，延续以前的茶叙课，锻炼他们的谈话能力。

但在近几学期，我们的班会课开始变得更有条理性、组织性了。　它不但在原有基础上发挥协助单元教学的功能，更加体现出"班会"两字的意义。在新的活动设计里，同学们可以认真地反思自己在过去的一周里所做过的每一件可以记住的事，并对别人和自己的表现都做出公正的评价，之后还对即将到来的一周需要做什么事进行计划和了解。　他们还参与主持、记录、报告等活动，从各个方面锻炼语言互动、组织互动能力，还有自信心和想象力。在记录的过程中，他们还表现出幽默的全语言能力。

4.班会课的主要内容

一般来说，班会课都由本周的单元主持老师来做主席，因为他们最了解在本周的单元活动中，有什么大型活动和需要提醒大家注意的事项，可以在一周开始的班会课上，先向大家做一个汇报。　这一项是由老师说明的，学生们做什么呢？　他们需要报告自己平日的生活趣事、周末的收获，以及他们小组上周的重要事项和他们所在的社团都做了什么活动。　当然，还有一些自由的发言时间，让他们畅所欲言。

5.班会课主要进行方式

要了解班会课的具体进行方式，可以参看附表 10 "团体活动设计——班会"，它是我们目前正在采用的开会形式。

会前准备部分：会前准备事项，由会议主席先带领学生会成员开会前小会，讨论出学生会今日主要讨论的内容，并准备黑板和相关需呈现的资料等。

正式开会部分：由教师作为会议主席，由学生作为主持司仪，同时学生记录人员也开始准备忙碌起来。　司仪会按照老师事先定好的开会流程，依次进行会议，在每一个项目的转换时，主席会稍提示一下主持人（该上场了）。

首先，会议开始时，主席摇响铃声，各位同学入座准备开会。主持司仪（某同学）请一位本学期固定的需要学习点数的同学点名，并数今天到会的人数。之后，便是按会议的议程开始开会。

议程第一项：司仪宣布"请领导讲话"。如在"向阳超市"主题时，由中心向阳超市的经理（戴老师）讲话，戴经理就会讲一些关于本周超市的经营情况和工作人员的表现问题。主要是通过对他们工作表现的评价，让他们了解自己的工作成果在大家、在领导眼中是如何的，从而更努力地改善个人的工作态度和能力。

议程第二项：司仪宣布"请各社团报告"，分别请参加伙食团、板报组、广播组的同学报告他们上周所练习和做出了哪些工作成绩，以及本周要做的工作内容是什么。

议程第三项：司仪宣布"请各班班主任报告"：分别请珍珠班、钻石班、玛瑙班（由学生们命名）的班主任报告上周班上所发生的重要事务、班组成员们的表现，如出勤率、学习表现、外出行为等，之后，还提出对大家下周的期望。

议程第四项：司仪宣布"请各位同学们自由发言"。这是同学们最开心、最畅所欲言的时候，他们将自己在周末发生的趣事说给大家听，或是讲述自己家中发生的重要大事。在发言中，会有某几位同学很会聊天，这时，教师会让他们带动其他不太会讲的同学讨论，发表意见。当然，从开会到结束，最忙碌的是记录人员，在老师的提示与协助之后，他会以最能让自己看得懂的方式来记录，可以是简单的符号（－｜○◇），可以是全语言的表达方式（如讲某人扫地，可能就画出与真人相差甚远的火柴棍人，在很远的地方有一个四方形的簸箕）。

会议最后一项：请单元主持老师报告重大事情，也就是请负责主持本单元的老师报告本周的单元可能会开展的一些重要活动，如与向阳小学的联谊活动，或是对上周同学们在单元活动中的表现做回馈。最后，主席老师请记录员带领大家回忆一下今日会议所讨论到的重要内容，由助教老师协助记录员宣读记录本。 之后，主席老师摇铃，司仪宣布散会。

6.关于班会课能够开展讨论的因素

了解了大班班会课的进行方式，也许有人会对语言能力并不优秀甚至是在理解与表达上都有缺损的学生居然还能进行这么复杂的讨论有质疑。

其实，这并不奇怪。 首先，会议主持人的角色是由一位语言能力最优秀的学生来担当的，这位同学按照老师事先为他编写好的主持单上的流程图来依序主持，就能把握好会议的进程。

其次，我们的班会中，学生们需报告的事项，都是他们曾经历过的事，而且时间相隔不久，他们都还能在老师的提示下回忆起来，也就能够用自己所能记住的哪怕只是一个词来简要地叙述。 当他们叙述完以后，由老师再重复为他们整理一遍，既统整了发言的不完善，又可帮助记录人员再重新清楚地听一遍。 需要讨论的内容都是与同学们的生活、学习有关的事，而他们平时关心的便是相互之间的事，讨论起来也较易理解。 针对同学行为的好、坏，老师都会做讨论，学生中会说的便开始发表自己的看法，而不会说的便以表决的方式来发表意见，最后的总结性发言，目前当然还是由老师来担当，特别是在有争议之时，通常都由比较不常发言的同学来决定最后的方案，因为我们都采用举手表决或圈选投票方式，而这部分同学的举手与否不就显得重要了吗？

再次，在班会课上营造一个既严肃又开放的讨论氛围，也是向阳老师做得挺不错的一点，这使得表现欲很强的学生能充分地满足他们希望受大家注意的心态，也使得个性较内向的学生可感受到大家的鼓励与认同。 尽管规定了许多的开会纪律，但常会看到开会中，有人一会儿又举手想对某事发表一下意见。

最后，还有一个因素是，我们给予了记录人员最开放的记录方式和权利，他记录的内容，只要他自己能看明白就行了。 于是，他们用了"全语言"的方式来写画出他对某件事物理解的意思是什么，他们可以将"人"画成一个小人，可以将报告内容中菜市场买的菜，画成他们平日里所看到的已经煮好盛在盘中的菜的样子（如鸭子画成一块块的肉团，海带便是一段段的小长形，蛋炒饭便会画上一个荷包蛋，再加一个碗、一双筷）。 他们也有一些符号记录内容，是一般人看不懂的，他们画的人物有时会特定指某个同学，某个符号也会固定代表一个意思。 每位同学因书写与理解能力不一样，所记录的表达方式也不一样，只要与他们熟悉了，你便会很自然地猜出他们写的是什么了，如果还是猜不出来的话，问问他们，他们一定会一条一条向你介绍说明。

7.班会课对于向阳学生的重要性

向阳大班虽然说是由一、二组组成的，但一直以来，他们都没有被分割成两个组的感觉，原因就是他们一天下来，有许多课都是在一起的，这种"在一起"，虽然是为了教学的需要，但同时，也使得向阳大班中的同学更加团结互助、相亲相爱。 正因为有了每周一次的班会课，使他们知道在班会课上，自己需要对老师和同学们汇报他一周所参加的大小活动中的行为表现，他们都有了很强的荣誉感与自尊心。 当看到别人受到大家的鼓励与好评，而自己得到的却是大家很失望的反馈，以后他们便会尽力改正自己的错误，为了在下一次开会时得到表扬。

三、班干活动（伙食团）——生活中的责任

戴玉敏

我们在工作及生活中，经常关心的就是"为身心障碍的儿童实施怎样的教育才能更合适"。 特别是向阳一班的学生，他们的年龄在 13 岁到 16 岁之间，马上面临毕业回家的问题，回家后怎样生活，是最值得关注的问题。重回小时候那样，由家人专人照管？ 或者听之任之？ 还是独立生活？ 经过前几年的学习，有的学生基本的身体清洁、穿着能力虽养成了，但仍不能独立在家待一天，为什么？ 大人的回答是：怕他没饭吃！

培养学生在生活中的责任感，增强解决自身问题的能力，是为了他们将

来能独立生活，减少社会、家庭的负担。 向阳一开始办学时，就注意到这个问题，学生升到一班时，将有需要学习家事的几个学生组成一个家事组，开始家庭事务、独立生活技能的培养训练课程。 后来演化到现在的班干活动：伙食团。

1.建立伙食团的目的

(1)培养学生简单的家居独立生活能力。

(2)培养学生简单的烹饪技能以及独立解决一餐的能力。

(3)辅导家长帮助学生在家独立生活的方法。

(4)培养学生依据家庭需要在市场上购买物品的能力。

2.相关的策略

(1)到学生家中做环境分析，了解学生在生活中独立生活的内容及要求是什么，学生在生活中最有可能参与的是什么，以及环境中的人事物等自然支持系统能提供什么，由此分析学生的学习目标及相关的服务。 如有的学生家庭用微波炉，有的学生家中烧煤球；灶高灶矮，有冰箱和无冰箱，不同的环境对学生的要求也不一样。

(2)对学习内容作教材分析，区分哪些是容易学会、易安全控制、易于单身一人解决一餐的？ 分析出来安排教学先后顺序，逐步教学。 如顺序可以是：学习冲泡牛奶、方便面→用电锅蒸热现成食品（剩饭、剩菜、冷包子、冷馒头等）→用电锅煮生食品（饭、蛋、面、饺子、清菜汤等）→使用天然气炉。

(3)根据学生的学习特点来设计工作流程。 工作分析、简化程序、关键步骤的提示、辅助策略、辅具等，可使学生按照自己能记忆、操作的方式学习，避免认知能力带来的困扰。 如有位学生用电饭锅为全校蒸饭，会用一个转大的盅代替以前的小盅，避免数数的困扰；用大小合适的容器装油；放葱成为关火的信号；翻完45张扑克或数数数到50，去翻转一下须炒稍长时间的南瓜丝等。

(4)学生可以先学习为自己做饭菜。 在做菜时，老师可将要做的菜分成多个小份，每个学生自己做自己的，自己吃。这样学生可以试着体会，如刚才老师的示范，我照着做，为何不好吃？盐是不是放多了？为什么炒糊了？不行，再做一次，直到会熟练地做这道菜。

（5）引导学生自己发现问题、计划解决问题，老师的指导语与以前相比有明显的变化。以前是直接帮学生指出问题，并指令学生去做，如："钟同学，你去把择菜的篮子拿过来。"现在，老师用引导性的、启发性的、提示的、解释性的语言，如："为什么？怎么办呢？现在你要做什么？你觉得怎样？是不是该做什么了？你看还差什么？为什么会这样做？如果……，就会……"

（6）多提供机会让学生在生活中应用、表现。如每周到李老师家中体验生活一天，自己煮饭、做菜、打扫清洁、进行餐前餐后的准备与收拾、午餐后休闲；外出到临峰山"受评山庄"体验生活时，为大家煮一日三餐；每周二、四为三班学生制作下午的间食；负责家长聚会、游园会的好吃摊等。

（7）负责安排向阳全校的午餐菜谱。伙食团成员每天拿菜谱到三班，让学生及家长决定第二日菜谱，再商讨订出第二日菜单。每周星期三和炊事员一起为全校买菜。

（8）依需要到学生家中作家庭辅导，与家长沟通，示范辅导的方法，或将家中的厨房用具作调整，使学生能在家中方便使用，如果对于学生来说灶台较高，建议家长垫高地面；指导家长教学生操作、控制油盐、烹饪时间等。

下面介绍每周一班干活动中的伙食团活动，从中体会学生如何学会解决生活中的饮食问题。

9：20开完班会，学生们根据自己本学期所选社团分组。伙食团的三个学生不约而同地坐在伙食团长戴老师和义工家长的周围，他们明确知道今天要自己做饭吃。

伙食团成员须讨论解决这些问题：①今天吃什么？在哪里吃？怎么做？②需购买哪些菜？多少斤？③谁买什么？④家事安排，谁做哪些菜？谁蒸米饭？谁来进行餐前餐后的准备收拾？⑤午餐后进行什么休闲活动？

　　老师和一位义工家长带三位学生一同上菜市场买菜。 学生要学习：①外出购物的准备：钱的保管、拎菜篮、熟记菜名（有时配合图片）、采购数量。 ②购买行为：认得自己要买的菜，向老板问价、要买的菜名、要买的数量，选择菜、付账、提走菜。 ③记住花了多少钱，怕忘记可以简单记账。

　　到李老师家后，学生报上今天的花费，用计算器辅助计算今日开支。 学生接着学习如何择菜、做饭：①准备：场地、容器、刀子。 ②择菜：如空心菜、青椒、小白菜；如何剥皮：如藕、土豆、丝瓜；如何切片及菜丝：青椒丝、豆腐丝、藕丝、土豆丝。 ③如何洗菜。 这时负责蒸饭的学生去淘米蒸饭，学习淘米蒸饭的过程。 然后学生准备简单的佐料，如姜、葱、蒜。 根据需要将准备好的菜分成多份。

　　老师先示范一下，如炒菜：检查准备物品的到位情况→开中火等锅热，慢数到 10 →倒油，慢数到 10 →放佐料→下菜→翻转，左铲翻、右铲翻、中间翻，等一下再翻（叶子菜类慢数到 10、块状丝状类慢翻牌 50 张）→放葱，关火，洗菜盘，起锅铲菜入盘→端上桌。 每个学生炒自己的那份，老师在旁引导，若弄糟了，学生总结问题所在，可再学习炒一次。 由一名学生进行餐前准备，之后用餐，他们会请同学、老师品尝评价一下，得到好评，则会得意。

　　餐后收拾分工：一学生负责擦餐桌，一学生扫地拖地，另一学生收碗洗碗，有时他们会互相安排或推诿这三样劳动，但始终不会推到老师和义工身上。

　　2003 年上半年中，三位学生学会做的饭菜有：用电锅蒸饭、蒸蛋，用天然气炉做蛋炒饭、青椒炒肉丝、炒空心菜、炒南瓜丝、青菜汤等。

　　学生在学习过程中，可以学会自己独立解决问题、自己独立生活。 在辅导过程中，老师只是一个引导者、示范者、协助者，帮助学生发现问题。 学生进行实践操作，老师给予学生指引、示范、增强。 因为是为自己做饭，饭没有做好就没饭吃，关系到自己的切身问题，学生在这里是最积极参与投入的。 而且同学之间要友好互助、共同商讨、分工合作才能圆满完成做饭这件生活大事。

四、班干活动（广播站）——生活中的责任

周千勇

我们每个人，无论相貌和人品如何，无论才智和能力如何，无论身份和地位如何，都与生携带着权利和责任。 获取权利也许是人的本性，不用学习和养成，大家都很会应用和创造，而责任却不然，它需要我们在生活中不断地体验、不断地习得、不断地肩负才能使它在你的生活中得以体现，才能使它在你的人性中得以淋漓尽致地发挥。 在生活中，人们眼中一个有担当的人对任何事情都有强烈的责任感，当然，也被称赞。 可是，一群对自己的生活都不能完全独立的智力障碍少年，要让他们意识到自己在生活中的责任并要肩负可不是件易事。 但是，我们都知道，任何人都是生活一辈子，学习一辈子的，只要有付出，就会有收获，这于他们也是一样。 因此，虽然让他们懂得责任、肩负责任不易，却依旧可以实现。 那么，我们向阳的这一群少年们是如何在生活中习得并肩负他们的责任的呢? 请让我用向阳广播站为例来与你分享。

广播、电视已成为当今人们日常生活中必不可少的"一道家常菜"，因为它及时告诉我们这个大千世界不断发生的新鲜事。 向阳广播对向阳的老师学生来说也是如此。 在 2000 年向阳刚踏上在江津本地，探索生态化课程之路的时候，向阳一班的老师、学生也踏上了精制这道菜的漫漫之旅，广播站的每个成员也开始担起这份义不容辞的责任。

那么，大家在生活中究竟是怎样做的呢?

最开始是在一次班会课上，老师和同学们一起讨论将要做的一些事情：如新闻信息要怎样让别人知道，并一起来参与；一路上的收获怎样让更多的人看到；走这条路要用到的后备力量从哪里来……在激烈的讨论后，大家决

定将曾经学习过的主题活动"向阳广播站"加以改良沿用。 于是，载着向阳生态路使命的广播站便正式成立了。 在站里，有主持人、有编辑、有记者，这些成员都是一班的老师、学生来担任的（学生要当什么是在自由选择的情况下，老师给予一些建议和调整后定的）。 另外，也依据各成员的工作特点及所需用品道具分别设置了相应的编辑部、录音棚、播音室。 并且，还共同讨论了广播站的宗旨：①及时向大家报告向阳大事；②丰富校内师生的娱乐生活；③提高自身的学习能力及工作能力，培养良好的工作品德；④义务为老师、同学、家长服务。 也按照此目的，开设了一系列广播内容，即午间新闻——今日菜谱、点歌和音乐欣赏、笑话、明星节目欣赏、当日报纸、电视重要新闻；下午新闻——向阳今明日大事、好人好事、失物招领、寻物启事、各类意见（如菜式、活动……）而今，随着同学们的能力及责任感的提升，又开播了晨间新闻、心桥热线、向阳广告……真是越来越丰富，越来越实用，越来越具挑战性。 最后，还共同商议了如何来完成这些工作。

在这里，也许你已开始疑惑：不是说是一群智障少年吗？ 何以有如此的能力来完成这些艰难的工作？ 可是，你看，他们意气风发地行动起来了。

1.抢新闻去

每天，小记者们挂着照相机，背着小录音机，拿着小麦克风，忙忙碌碌地穿梭于喧闹的人群，跟随于百忙而稍闲的师长后……瞧，有的伸着手向被访者支着麦克风和录音机，有的则眼瞄着早备好的问题纸条并急切地念读着，有的则干脆把纸条拿给别人看，有的则呈上为回答问题而备好的半成品资料和笔……不愁抢不回新闻！

2.编写稿子

每当从小记者那里收到一点点访问信息，编辑部便忙开了。 有的人通过小记者的口述"写"下重要词语，有的人忙着听录音带，有的人整理着小记者带来的资料，有的人翻阅着相关主题书籍、图片……工作效率可不低。 也许，你会很惊奇，就他们，有这么好的编写能力？ 是的，只是他们的写法很特别而已。 有的是真写下文字，有的则画上简图或是他才懂的符号，如豇豆就画上几条短短的竖线，海带就画成大小不均的几个方框（因为他们平时吃到的就是这样的形状的）还有的则用一些字卡来排、贴，有的则直接在资料上圈选……各用其技，然后相互说明一下，老师立即备注上文字，这样，一篇篇稿子就出来了。　它不仅能让每个人都能读懂，还令大家难以忘记，并且新鲜不断。　同时，"全语言"的观念在这里也被充分运用和展现。

3.录制新闻

当播音员们收到稿子后，就准备录音了。　为了让稿子内容能被听众清晰地听明白，播音员们也煞费苦心。　他们将一些例行性的播音稿之导语、结语都熟背了，如今日菜谱便是如此。　平时他们也熟读很多相关语句，如为别人点歌的祝语，表扬别人的赞语，请大家共同参与的一些激励语……另外，每次拿到稿子时，带组的老师都先教读，而在录制时，学生播读后老师还要回放一次。　当然有时也会为了满足小播音员们的愿望及展现不同的播音风格而有齐读或轮读、邀请嘉宾来播等方式。　形式多样，播的内容也带给人愉悦的享受。

4.播报新闻

这可是一件和前几件事比起来都简单的事，做起来当然也更流利顺畅。用于播音的机器的调适全都由老师做好，另外，老师还在需学生操作的地方贴上特别的标记，将学生最易学习的播音方法写画成流程。　每次学生来播音时只需带着磁带操作录音机和插好麦克风就可以了。　行简易学，学生很快就能独立操作了。　还有，为了让听众听起来舒服悦耳，放音员每次操作好后还会自己亲自感受来适当地做调整。

就这样，经过他们的共同协作便成功地播报新闻了。

经过这样一次次反复练习，现在广播站的成员已能各就其位，基本各行其事，并且有的小记者可自行设计简单问题，有的小编辑可用全语言的方式来叙写好新闻内容，有的小播音员对例行的播音可独立播报，而放音的则可完全独立操作。　忠实的听众们则是很习惯和乐于收听，偶有一日没有播音，个别小听众会向老师打听今日为何没有播音。　而据广播站"站长"反应说，有时因为生态化课程的需要改变了时间没有做到这件事，有的成员会自动找时间来补做。 真是能力成长了，信心也足了，责任感也就更强烈了。 你说，像这样的一群少年，是不是已养成了一种好的习惯，承担着生活的一种责任了？

五、我们当了一个月的炊事员

周千勇

人说，民以食为天，而这食又讲究色香味俱全，如今还添加了即兴与文采之说。 如此考究之食从何而来，当然是厨师之手。 在向阳，则是由炊事员来完成的。 可是，这天（周一）班会课上，领导宣布向阳炊事员将被借调一月，因此，向阳佳肴出炉告急，而班会课重心一下子转移到全中心的午餐问题上。 经过一阵激烈的讨论也没有结果，最后，一班师生自告奋勇，集体自荐才解了燃眉之急。

没有炊事员的日子，我们却是一样快乐地度过！ 而且，因为有这一个实践机会，不仅将我们探索生态化课程之路的指导思想得以证实，并且也让大家体验出生活的多味和平时不易得到的感悟。 每天在这里吃饭的有三四十人，一、二班八九个特殊少年和三个老师又上课学习又担任炊事员的工作，大家是如何做到的呢？ 下面，与你畅谈我们的做法。

1.我们做什么？

这么多的事情，怎么办？ 别急，我们共同努力，分工合作就行了！ 于是，学生开始纷纷说出自己愿做的事情来，然后老师依据每个学生的兴趣、能力及 IEP 中的目标，征得本人同意后做适当的调整，最后组合成几组：买菜组（点菜、买菜、征询餐后大家的意见……）；厨师助理组（择菜、洗菜、切菜、炒菜、为厨师准备急用物品……）；计账组（算每日菜账并记录，负责钱的预支分发保管）；服务组（分送碗筷、推餐车送餐饭、餐后的整理……）。 由于有的工作不是同时做的，所以有的人身兼多职，并且这个组合也不是一成不变的，可根据学生当天的状况进行个别的轮流或调整。
（注：一般一个组至少有两个人。）

2.我们什么时候做？

这可要依据事情的性质来统筹安排了。比如点菜，一般是在前一天下午的整理活动时，拿着菜谱到各班点；吃什么，则是在第二日晨间活动时师生一起分析；算账，则要等买菜的回来沟通后才算；小组学习、全班一起的主题学习时间都是统一调整的，当然，这当中还包括一定的弹性时间——因为做有些事情的时间每日是不一样的。由于比较复杂，老师为他们每人设计了个人工作表，还随时以同学的相互提醒和老师的指示作为提示。

3.我们怎么做？

（1）决定菜谱。

一早，由点菜的同学取出昨日的点菜单，说出各菜的得票数，多票的为当选菜，当然，有时老师还要依据时令和营养调配来做一些修改。另外，老师引导出做这些菜需用的调料，全部都列于黑板上，并配上图片一起认读后就算决定了。

（2）买菜。

依据各菜色，老师估好分量，分配给买菜人员各自需买之物（为帮助记住，老师帮他们写张纸条或简单记在手心里），然后各自拿着钱袋、拖着背篓或提着篮子去菜市场。而不去买菜的同学此时就进行小组学习：学习菜名、认识钱币、做动作训练……买菜的同学则在菜市场里自己去找菜，和老板沟通买什么、买多少，当说不清楚时，用纸条或手心的记录来沟通，还不行时老师或同学才帮忙。双方都清楚后，学生自己挑选菜，在他挑选时，有时老板会教他如何选，有时则由老师教，老师也不懂时，由老师向老板或其他买菜人问询，边学边教学生。都挑好后，看着称好，老师做好记录，念出算的方式让同学用计算器算出价格之后由买菜的同学付钱，付完钱后收好菜，再等一等，以便别人有时间找钱（虽然有时不用找，但学生的找补能力较差，且常常是买了东西就以为什么都做好了），之后，带着菜和钱包再到下一个菜摊。 当大家都买好后便一起回校。

（3）择菜、算账，开始厨房的做菜工作。

回来后，大家各就其位，择菜的同学拿来盆子等容器，先看老师的示范，然后在老师的监督下迅速地择菜、收拾场地；算账的同学则先拿着各种菜与相应的名称配对认识，然后老师在买菜同学的报告下写出实际购买的价格和斤两。 有的同学认读出数字，有的同学则思考如何计算并说出或到黑板上写出算式，再由同学用计算器算出来与老师所算的数目相核对；做厨房工作的则在老师的带领下到厨房着手切菜或做其他工作。 经过一段时间的忙碌后，便可将厨房工作告一个段落了。（注：此时要留一个老师在厨房继续工作。）

（4）学习新知。

全体同学都到教室各就各位，两位老师给他们上生态主题课，主题也是做饭方面的。 上完课后，学生便又开始厨房的工作了。

（5）去厨房帮忙。

有的同学分碗筷（各班的碗筷数目在碗盆上都有图+文字的说明，如何准确地数出来也有字条提示），有的同学分菜（这是要在老师的协助下才能做好的），有的同学推餐车送菜到各班级（这需要老师的监督，以防碰撞人或物）。

（6）吃午餐。

（7）整理清洁。

有的同学去各班收回碗筷，这时，各班的老师要负责教导他们进行分类收拾，如残羹倒小桶里、盘子叠盘子、碗叠碗……有的同学则在厨房里刷碗筷。 此时，一般要老师做好准备工作，如挪出空灶台方便放碗筷，配好洗洁精的浓度，开好温度适中的热水，在过程中还要收放物品或者定时进行消毒……有的同学则擦桌子、扫地、拖地。 做这些工作的方法，老师都有对其进行具体的工作分析，并有图和文字的流程作为提示。

如此，向阳炊事员一天中最重要的工作便算完成了。

　　在看似简单的整个过程中，大家是紧张而辛苦的，是忙碌而快乐的。 买菜的同学对菜市场从不知如何进入而变得熟门熟路，从知菜名却不认识菜而变得会挑选，从不知如何买而变得会用眼睛瞄称或数把数，从不知钱的用处而变得会等着找补，从总是忘记带走所买物品而变得记得带走钱和菜，从不愿独立背书包而变得想方设法带回沉沉的菜，从在教室里用计算器都胆怯缓慢而变得在喧闹的菜市场里大方计算。 择菜的同学不仅学会了择各种各样的菜，而且动作还很正确熟练，择好后还会主动地整理干净；洗菜的同学从浪费水变成了节约的榜样；切菜的同学从开始像砍猪草那样变成较均匀地切；炒菜时像敲乐器那样变成无声翻炒；同学们从平时不是很关心别的班级而变成关心别班同学有多少、老师有多少，大家用什么餐具取食，什么时候可去收碗，什么时候去做清洁最好……总之，他们这一个月下来，连当初在路上和菜市场好奇围观的人都说："这群孩子越来越能干了，懂事了，长大了。"而同学们每天都因得到赞美而开心地笑着。 老师也从一个教学者分身成好多个角色，体会到别样的快乐、辛劳，当然也提高了能力。 学校里其他的老师和同学总是在力所能及的范围尽量支持厨房工作，让他们得到温馨的支持和信任，相处更融洽，学校成为了一个温暖的大家庭。 而家长们呢，每天到校来接孩子时，总是很感激和赞许，他们说，回家发现孩子学会了好多东西，有好多的惊喜。 这些都是来自孩子们从生活中学习和体验后的改变。

六、应用性语文、数学的教学

周德明

　　"鸡蛋，两斤；丝瓜，一斤半；葱，半斤；面，一把。"随着同学们一声声的应答，桌子上堆满了从市场上购买回来的蔬菜、食品等。 黑板上也写、画满了同学们买回来的物品，一堂应用性的语文、数学课的教学正在进行着……

　　面对自己亲自购买回来的物品，同学们欣喜异常，他们互相分享着购物的喜悦，买的是什么、到哪里买的等。 老师在课堂上进行统整，向同学们提问："李××，你买的是什么？ 几斤？ 多少钱一斤？ 王××，你买的是……，黎××，请拿出你买的物品……"，每一个人都用自己独有的方式回答老师的提问，有的用比较清晰的口语直接回答，有的只能回答一两个字，有的用指出物品的方式回答提问……不管用何种方式，大家都能明白他表达的意思。 老师依据同学们的回答，将物品的形状画在黑板上，将物品的名称写在黑板上或者写在卡片上，然后在同学们的面前展示出物品的实物、图片与文字，并配合手势进行教学。 在分组练习和家庭作业训练时，老师让学生练习将物品的实物、图片、文字配对分类，反复指认和读出来，借此加深印象。 在语文教学中，除了对物品本身的文字认读外，还要在学生原有的基础上加强语言的扩充能力。 例如，学生能认读"鸡蛋"这个词语，那就可以教他动词"买"，然后组成短句"买鸡蛋"，再加上他们的名字，就变成一个句子"李××买鸡蛋""李××和黎××买鸡蛋"等。 因为这些都是他们自己实际经历过的事情，所以记得特别牢，很快就能认读。 加之每天都可以重复地去买东西，如买面，那这个句子就可以变成"李××买面"。 这样，语文课的教学很自然地融入生活中，从他们所经历的事件中进行教学，将他们能认读的词语、句子等用学生能接受的方式记录于生字本中。 如在词语的旁边画简笔画，或者用彩色图片甚至是实物照片的形式让他们认读、指认。

数学课的教学也是融于其中的。 老师依据他们的现有能力和 IEP 上的目标进行数学课的教学。 首先，老师询问同学们各自买的物品有多少斤、每斤多少钱。 例如，米，8 角钱一斤，买 2 斤。 询问以后，老师将已知的条件写在黑板上，形成一道生活应用题。 再示范讲解如何做，依据重点不同，讲解示范的重点也不同。 讲解完毕后，依据学生的能力进行分组练习，每一组的教学内容都不一样，有的算账，有的配对分类、认读数字，有的学习点数，有的学习认钱。 算账的同学可以用笔算，也可用计算器算，直接按数字、符号，得出得数。 找到一种适合学生用的辅助工具，可以让学生直接跨越较难的、难懂的部分，达到相同的效果，缩短教学的时间，就像用计算器计算加减乘除法一样。

为什么要采用上面的方式进行语文、数学课的教学呢？　原因有二：

其一，我们面对的是智力障碍的孩子，他们的智力水平有的终其一生也只有小学低年级孩子的水平，如果用传统的教学方法教他们就太难了，所以必须找到适合他们的教学方法。　采用实物、图片与视觉相结合的教学方法，对智障孩子的记忆是很有帮助的，他们学习的都是他们经历过的事情，印象深刻，记起来也比较容易。

其二，我们的学生到了青少年时期即将面临毕业，他们的教学必须对以后的生活有所帮助。　目前学校采用的是"生态课程"，是从自然生态的观点来思考生态策略在特殊教育中的应用，以学生所处的家庭、学校、社区为一个生态系统，让学生在其中通过支持策略，过健康、优质的生活。　有了这一观念，语文课和数学课的设计就贯穿在学生的日常生活中。　例如买菜，首先在菜谱上选择自己想要的，应用全语言的方法，同学们在自己的购物本上或手心上写、画下自己要买的菜名、数量。　然后，老师发给他们相应的钱，并教他们认钱币。　到菜市场后，同学们依据自己要购买的物品到相应的摊位上与菜贩沟通，说出、指出自己要买什么菜、买几斤，或者将手心上写好的菜名与斤数指给菜贩看，让别人明白。　接着，将包里的钱付给老板，最后把菜提走。　整个过程都是在应用语文课和数学课上学习的内容，真正做到了学以致用。　回到学校后，就开始上应用性的语文、数学课，衔接和巩固在菜市场里认菜名、认钱、算账的全过程。　他们学会了这一技能后，能为将来步出学校后的生活奠定基础。

总之，应用性语文、数学课的教学是以学生现在和以后的生活为基准的，所采用的教学模式强调在生活中学习，在生活中运用，利用学生经历过的生活经验，在愉快的气氛中进行教学。

七、职业劳动——拥有一点儿可支配的钱

程庆

每到一周最后一天的午餐时分，向阳一、二班的学生们就会拿着自己的饭盒或盅子，在平时从不会围挤的餐车前排着长队，依次向老师付钱、递盒子打饭。 这就是一周一次的，他们用自己工作得来的工资购买午餐的时间。他们的钱来自哪里？ 他们的工作又是什么？ 他们工作了多久？

从 1997 年的下半学期开始，向阳大班功课表上就新增加了一项课程："职业休闲辅导"。 针对大班的学生而言，他们年龄大都在 12～15 岁，已基本具有个人生活自理能力，只有个别学生能力稍显不足。 从入校以来，他们接受的都是学科和生活自理方面的学习，而对于其他知识内容，如有关于他们自身的生活技能却没涉及过。 这门课程的开设，使我们的大班学生开始有了对工作、工资、劳动的意识。 他们在每日上午 10：00—10：30 这段时间里，要在遵守纪律的前提下，完成老师按他们能力所分配的工作，待到一周结束后得到工钱，用来购买食品等。

在这个集职业劳动、休闲于一体的课堂中，他们会谨记老师说明的工作纪律：①进入课堂后，要接受老师的点名并回答。 上课 6 分钟后未进入课堂为迟到，迟到者，扣发工钱。 ②工作期间不乱讲话，保持安静。 至于工作内容，便是老师依据他们的个人能力所设计的项目。 工作有如组装圆珠笔、分类钮扣、组装从宾馆带回的盥洗用具、将筷子按规定的数量捆成一捆；休闲有听音乐、看故事书、聊天、钩手钩纱、绘图。 工作完成后由老师记下完成情况便收工，有空闲时间的话便进行休闲活动。 一周结束时领取工资，刚开始还没有将职业休闲课的工资用来购买午餐，而是让他们在一起"画鸡爪"（一种大家出钱共同购买食品的方式）来买零食。

如今向阳大班职业休闲课的学生已更换了一轮，目前大班的部分学生具有连续工作 30 分钟以上的能力，并且可以操作许多精细的如分类与组装桌上

物品的工作，以及粗大动作方面的担、抬、蹲、爬等工作。 但还有一部分学生工作耐性不太好，以致工作种类的广度也不大。 依据他们自身的工作特点，我们所设计的工作程序、工作制度、工作内容也都在原来的基础上有很大的变化。

1.打卡

到了上午的最后一节课（11：00—11：30）时，同学们便主动地来到职劳课签字打卡处排队，依次在自己的工作记录本上用印章打卡，印上当天的日期。

2.劳动项目分为工作组与服务组

打过卡后，由监督工作的人员为他们分别配发工作组或服务组的胸牌。之后，他们便主动走向自己的工作岗位，开始今天的工作。

（1）桌上工作组。

工作组的工作性质是属桌上物品操作的，那么有关桌上物品操作的许多工作内容，我们就设计为同学们可以做的事。 除了延用原来的一些工作内容外，我们新增了一些工作：

①使用工具：包括所有他们能够操作的工具，如文具、剪刀、胶水、小刀、镙丝刀、铁钉、铁锤、钳子等。 同学们用它们来制作纸盒，组装鞋架、晾袜架，安装铁扣、镙丝帽、挂物架等物品。

②贴标签：元旦前的义卖活动，是大家忙着贴义卖品商标的时候。 欣喜的心情会让大家贴起来不感到累。 平时，向阳超市贴商标之事，也是他们很乐意做的。

③分类物品：这是一项在职业课中常见的工作，因为同学们在完成这项工作的同时，也在其中学习了许多既与工作相关，也可以运用在生活中的知识。 如按颜色分类钮扣，从开始的只分出一种，到二种、三种，他们根据颜色分类的能力大有长进。 除了按颜色分类钮扣外，还可以分类其他许多物品，也可以根据物品的其他特征来分类（大小、形状、质料）。

④穿串物品：这项工作是为了让同学们养成持久专心工作的能力而设计

的，操作简单，主要是将一些有孔的玩具串在一起，同时也锻炼了精细动作的能力。

⑤旋转物品：主要从事从一大堆瓶盖中挑选出适合某瓶子的盖子工作，他们要十分小心地看或试来决定该选哪一个，并且还要用恰当的力度来盖好。

⑥组装物品：这项工作的内容很广，组装的物品种类很多，可以组装文具，将一套有多种形状的尺，让学生按模板摆放好后，再装进有封口的包装袋；还可以组装圆珠笔，老师拆散了从文具店里买来的原本组装好了的笔，将各种零件分别放入容器中，让同学们再重新按顺序组装起来；可以组装餐具，将两只筷子一同装进纸糊的筷子袋中，并提醒同学们注意看，别多装；可以组装商店买来的成品货物，老师拆开如组合式鞋架，请他们再组装回去。

⑦包装物品：平时老师、同学一起收集的糖果纸、食品的包装盒、买礼物时的包装纸等，都是用来设计包装的好材料。老师先示范如何用这些材料来包装指定的物品，再请他们来包装。这项工作是目前社会上也很常见的计件工作，给他们算工资时，当然也是按件算。

（2）热心服务组。

从大家加入该组的那天起就知道，本组的服务方针是，不怕苦、不怕累，用我们辛勤劳动的汗水来换得大家的好评。该组主要的工作项目为：

①大物品之体力工作：当大家在做这类工作时，会莫名地开心，他们两个一组、三个一群十分卖力地工作着，边工作边说笑，比起坐在桌前操作那些物品时快乐多了。体力工作主要是叠高货物和搬运物品、捆绑物品及整理物品之类。接到了任务，他们会立刻主动模仿电视中山城棒棒军的形象，自己去找一根棒子再加一根绳子往肩上一扛，由一人发口令："出发——"，便开始了今天的工作。他们每天不厌其烦地将老师找来的货物搬来搬去，叠起来，又卸下来，重新组合捆绑。劳动带给了他们从学习中找不到的快乐。

②餐前准备工作：中午吃饭的碗筷数量因每班学生及老师人数的不同，

分发的数量也不一样。 这项工作由一位有点数能力，但又不太熟悉分类的同学来担任的。 一年下来，他分碗筷的能力与其他各项能力都进步很大。 大班的午餐与小班有些不一样的地方，看过关于大班午餐的那篇文章的读者或许能更了解大班午餐的特色，但我们这里讲的不是午餐的进行，而是关于午餐用品的准备问题。 一周五日的准备工作都不一样，周二与周四需要服务组的同学清洗吃面的碗；周一需要准备与小班相同的碗、盘；而周三则要清洗西式餐具（大盘、小盘、刀、叉、汤碗），就餐桌还要铺上洁白优雅的桌布。 当然，午餐的餐车是由服务组的工作人员推进教室的，西餐时间的服务生也是由服务组的一位同学担当的。

③厕所清洁：所有工作中，最脏最累的工作莫过于打扫厕所，但有两位服务组的"工作人员"特别喜欢打扫厕所。 他们挽起衣袖，一手拿长刷，一手拿水瓢，往那小隔间里一蹲，便开始了工作。

3.记录成绩

时间久了，大家完成工作的态度越来越好了，效率越来越高了。 他们完成工作后的第一件事便是回到打卡台，交还胸牌，自己报告今日的工作内容并让老师为自己今天的工作评分，做得好或是按时完成任务记100分；有调皮或做错了或未全部完成任务记50分；没做工作或不愿做记0分。 这分数直接和工资挂勾。

4.剩余时间的安排

做完这些事后，如果离吃饭时间还早，他们便开始从事一些休闲活动，有的会去看图书，有的会去绘画，也有的在老师指导下做缝纫。 对于耐性差一些的同学，除了要慢慢加长他们的工作时间外，也要让他们感到每天工作后会有一个快乐的活动，那就是去体能教室玩耍。 下课铃敲响后，他们便满足地去洗手准备吃饭了。

5.付出后的回报

每周五的职劳课，是大家最开心的时候，因为在这天的课上，大家均会得到自己辛勤工作的回报——工资。 大家在老师的指导下，数出自己工作评分中有几个 100 分，一个 100 分便可以领取 1 元，50 分是 5 角，0 分则没有钱。 他们用计算器乘或加出自己工资的总额，并填写好收据单，再向老师领取工资。 工资领来，就要好好保管，他们都有自己的钱包，有的挂在脖子上，有的揣在兜里，钱是一定不会弄丢的。

6.最激动人心的时刻

用自己的工资买午餐，这可苦了那些平日里没有好好工作，没"赚"到钱的学生们。 每一道菜，都有相应的标价，钱越多的可以选择的菜越多，不然，就只能选择一些价格便宜的饭菜了，如白饭、汤，而且还要省着吃。 吃是孩子最有兴趣的事了，他们开始渐渐明白，为了下一次能多吃到一些自己喜欢的菜，就要赚取更多的工资，要能得到更多的工资，就要好好工作。

并不是每次所得的工资，都要花完，学生吃饭之后所剩的钱，会继续留在钱包里面，存起来。 曾有学生存工资为自己购买喜欢的衣服和饰品，若遇到有同学、老师过生日时，他们会一起凑钱来为其买鲜花或卡片，用自己辛勤劳动所换来的报酬，去向自己身边的人致以祝福，这也是他们很自豪的事。 每周一次的茶叙课，也是大家对同学、对班级表现关爱的时候，有存款的同学会争当茶叙课的主人，用自己的钱购买食品来招待大家。 在欢声笑语的茶叙课上，笑得最开心的，一定是今天茶叙课的主人。

大班的职业休闲课从开设至今，老师的课程设计不断改进，以求尽量去适应同学们的人格发展特征。 看到大家掌握了一项又一项工作技能，作为教育工作者，老师从内心为他们的将来平添了一份希望感到高兴。 而同学们在接受工作能力培养的同时，又从中感受到了无限的欢乐，从而使得职劳休闲课成为深受大家欢迎的活动课。

（见附表 12 "团体活动设计——工作与休闲"）

八、兴趣活动——抹去生活中的空白

戴玉敏

一个人学会独立生活，有几个问题是必须面对的，一是生活自理问题，二是家事处理问题，三是独自休闲问题。 生活自理及家事处理在教学过程中，老师与家长都很容易发现问题，如擦屁股问题、穿衣服的问题、用电锅蒸饭的问题、安全问题等，学生技能方面的能力表现也很容易被大人观察到、注重到、教学到、练习到，因为它直接与照顾者有关。 相应的，休闲问题比较不明显，家长和老师大多会去注意学生出现的不良行为本身，以及不良行为对家庭的影响。 很少反思学生为什么发生这样的行为，它的最直接的原因是什么，间接的原因是什么，怎样预防。 发生不良行为的大部分原因是空余时间太多。 又或者学生的行为很安静，一直玩弄、摇晃自己的身体，虽不会给他人造成麻烦，但这时候，他们的生活品质又是怎样的呢？ 他们的生活内容有意义吗？ 在培养学生独立生活技能的同时，应关心学生的生活品质怎么样，要让学生主宰自己的生活，自己决定生活内容，让生活有方向，一天过得充实有价值。

什么都不会做不可怕，最可怕的是不知该做什么。 我们一直都关注学生空余时间的活动内容，特别是在家中的空余时间，学生毕业后，要像职业课程教的一样找到工作，真的不太容易，大部分会待在家中等待，他们以后生活的品质实在令人担忧。 所以在一班的教学中，除了让学生学习独立生活技能外，还要帮助学生学会过有意义的人生。 因此生态课程在教学活动计划时，特意留有较多的空余时间，让学生学习如何自主地安排休闲活动。

一般下午的活动是兴趣活动，这与小班下午的活动不一样，小班以艺能游戏为主。 兴趣活动的目的是：①丰富学生的生活。 ②学生能习得自我休闲的技能。 ③培养学生自我休闲的习惯。 ④让学生有一技之长，体现自身的价值。 ⑤培养艺术修养与审美能力。

在每学期期末评量家庭环境时，要先了解学生的生活中有哪些空余时间是家长还没有注意到的，需教学介入的，家中能提供的支持是什么，学生的个人愿望、兴趣爱好、个人的特长等。再统合一班学生的休闲目标，一般情况下参照生活主题计划安排下午的兴趣活动，有时候不需要与主题配合。我们尽可能地提供学生感兴趣的活动和学生以后能独自娱乐的活动。我们在学生如何参加、选择兴趣活动方面也改变了方法，以前是学生按照固定的分组参加某个兴趣活动，现在比较尊重学生的自主选择权，希望学生的生活是能自己计划安排的。每天早上做今日计划时，老师会引导学生计划今天下午参加什么兴趣活动，到了中午，再让学生去看自己的计划，提醒午休起床后准时去参加。每天提供两个或三个活动，每个活动都制作成活动牌，让学生自由选择，想参加什么就参加什么。如果学生有特别的 IEP 目标是某个休闲技能，我们会引导学生选择这个活动。

如在"武林大会"的生活主题中，下午的兴趣活动就有练习武功（自我锻炼）、打坐（欣赏音乐）、武功秘籍（听故事、读绘本）、化妆打扮、会友（约朋友聊天）、看戏唱戏（欣赏戏曲）、书画（写字画画）。"向阳超市"的生活主题在职工俱乐部里开展，下午的兴趣活动有：卡拉 OK、健身运动、美容院、手工制作房（废旧物品制作小工艺）、读绘本（故事书）、表演欣赏戏剧、电视节目、向阳网吧、茶馆（棋牌休闲）、废物回收……

有些兴趣活动可以由老师设计好，学生参加，如健身运动、表演欣赏戏剧、练武功、读绘本等；有些是老师只做一般性的规划，由学生讨论制作来完成作品，如卡拉 OK、藏宝书（个人收藏照片、邮票、车票）……让学生有创意的活动。也可在平时的休闲区放置休闲用品，如录音机、画册、棋牌等，学生一有空就可以去休闲区玩。（见附表 13 "团体活动设计——藏宝书"）

学生的特长常作为兴趣活动的内容，让每个学生都有自己的拿手好戏，在表演时展示，让学生从中找到自信。

九、午餐——不仅仅为了吃饭

戴玉敏

我们平时的问候中，经常问的一句是："你吃了没有？"吃是人生最重要、最基础的事，怎样从吃中享受人生？　远在蛮荒时代，人只求吃饱果腹；整日东奔西走，只求寻到可吃的食物，不管一切狼吞虎咽；进入人类文明时代，人开始注意到吃的文明，用碗来盛食物，用刀叉、筷子代替手来拿取食物。　食物的选择与制作也很有讲究，能体现复杂的人际交往，如吃饭与家庭成员关系、吃饭与社会关系、吃饭与人的修养、吃饭与人生体会……人类文明发展越进步，吃的内涵更广，饮食文化的研究更是深远。　我们现代人是怎样享受吃的呢？　我们可能与家人共聚用餐，可能与朋友外出用餐，可能独自一人用餐。　食物的内容也丰富，如火锅、炒菜、面食、水果……用餐的形式也多样，如宴席、自助餐、快餐……就连对餐桌也有讲究，玻璃的、木质的、圆的、方的，铺各式花色桌布……餐具有很多种，筷子、汤勺、叉子……用餐的程序也有考究，先吃……再吃……最后吃……

我们会按照愿望来安排一日三餐，享受吃的文明带来的人生乐趣。　想想我们的学生，他们也生活在这文明时代，但因为他们处于弱势，吃仅仅是解决一日三餐，很少考虑他们的吃是在享受及体会人生。　向阳的学生也依学校的作息安排中午在校午餐，学生午餐活动到底怎样设计？　午餐的功能是什么？　怎样才能让午餐与社会、家庭、个人等环境生态自然地融合？　怎样既能丰富学生生活，学生又能在其中快乐地学习技能？　我们老师一直思考着这个问题。　午餐的功能是：①享受与体验生活。　②促进与同学、老师、社会的融洽关系，即用餐礼仪，行为及情绪良好控制。　③学会餐前餐后准备与收拾家事的技能。　④用餐的动作技能、使用餐具能力的培养。

依据以上的功能，在设计午餐活动时，着重在于让学生体验不同的生活，及适当的用餐礼仪，于是安排了多种用餐方式。　教室是我们的餐厅，餐厅内的桌子、椅子及墙面每天会有不同的变化，按午餐的形式布置成各种用餐氛围，让学生在不同的环境中适应自如。 教学主题为"武林大会"这学期的餐厅布置就很有趣，模仿武林故事，整个教室环境充满武林的氛围，厨房叫作"伙房"，吃饭的地点有"家"，在街头有"面馆""酒家""客店""茶坊"，也与"西洋武士"用餐，进"馆子"还需花银子……为了让午餐与教学主题吻合，我们设计了不同的用餐形式。 教室取名"三家村"，在三家村，有三个家："戴家湾""胡家店""张家口"。 星期一在自家吃饭，即家庭用餐方式，体验家庭成员间（同学间）的用餐礼仪；星期二和星期四到街头面馆吃小面，体验在街头面馆用餐的方式；星期三与西洋武士用餐，体验西餐习俗及使用西餐餐具的方法；星期五在酒家吃小酒（饮料）小菜，体验用自己钱购买食物的过程。

星期一"在家"吃饭，家庭用餐方式以家庭式布置为主，四方桌，每桌有三位学生和一位老师。 每桌选一个有目标做桌前准备及收拾的学生做餐前准备，需负责擦餐桌、分发筷子、端饭菜及餐后的收碗筷、清理桌面。 吃合餐是我们中国家庭的传统习惯，大家共同享用桌上的美味菜肴，遵循礼仪，互礼互让，尊老爱幼，促进家庭成员的良好关系。 等到一桌成员到齐并坐好了，由师父（老师）说"请用"后才开饭。"钟师兄请用"是此时此刻的习惯礼仪用语，大家需学会"不要自己把菜和肉吃完、要请师兄师姐师弟师妹吃"。 我们的何师弟，虽然动作不好，但用筷子夹肉却是百发百中，每次只夹肉吃。 后来有一次他夹了最后一块肉正准备吃时，看看同桌的同门师兄们，又把肉放回盘子里。 就这样大家学会了相互礼让，相互关心。

星期二和星期四到"街头面馆"吃饭，体验在街头面馆用餐的方式。 餐厅布置成街头的面馆，主食是面或米线，老师当面馆老板，学生当顾客。 学生自由地向老板点餐，依当日提供的菜单表达，如："老板，二两杂酱米线"，老师盛好米线给学生，学生自己负责端回自己想坐的位置，并自行准备筷子。 这对于能力好的学生很容易，但对于能力差的学生，可以学的就多了。 有位自闭症学生陈师妹，平时由老师协助完成这些准备，有一天，老师完全撤离协助，她若无其事地在一旁自娱自乐。当她发现自己没有米线时开始着急，找个位置坐下来等待，等了一会儿仍没有等到米线，只好到餐车前来看，看了一阵没有得到米线，突然开口说："老板，米线。"当她端着米线坐回位置时，又等了一阵，同学提醒她："筷子。"她又等了一阵，口念到"筷子"，才自行去拿，一顿最爱吃的米线终于吃到了。经过这样的练习，陈师妹现在已会在街上面馆自行点米线了。

星期三与"西洋武士"用餐，铺桌巾、插鲜花、摆上刀与叉子，模仿吃西餐的习俗，有乐趣，又高雅，赢得老师和学生的喜爱。老师为了增加学生的生活体验，带学生到江洲大酒店西餐厅参观，感受西餐的礼仪及氛围，然后老师和学生一起计划张罗向阳西餐厅的布置，虽说简单，但大家仍很开心。西餐厅征选服务员时，钟师兄、李师兄等竞争起来，通过服务技术考核评比，大家选择钟师兄当餐厅服务生。钟师兄本来就善于模仿，非常喜欢这份差事，热心周到、尽心尽职，干得有模有样。每周三，钟师兄提前吃饭，然后做餐前的准备及用餐服务，铺桌巾、摆餐具，为顾客端餐盘、铺面巾，听候顾客的召唤，餐后负责上汤，切水果等。顾客可尽享西餐美味，服务员的周到服务，但同时也要花心思来专注研究到底怎样左右手挥动刀与叉，将美味送入口，这正好练习左右手的协调动作。钟师兄因为见识广，曾有与家人外出吃西餐的经验，不停地辅导顾客如何用左手拿叉子压住食物，右手拿刀子将其切割成小块，左手用叉子叉起食物送入口。为了配合吃西餐，我们特地让厨房做便于用刀切的食物，如大块豆腐干、萝卜、土豆、肉块等。一边精细地品味西餐，一边聆听悠扬舒畅的轻音乐，如此氛围，不得不感慨午餐妙哉！

星期五在"酒家"点小酒（饮料）小菜，体验用自己的钱购买食物的情景。"你有自己的钱吗？"老师常常会问学生，他们当然拍拍钱包得意地回答："有！"今天的饭模拟自助餐的方式，学生在职劳课算得工资，把钱保管好，自己去洗饭盒，然后排队买饭。肉2元，小菜1元，汤和饭免费，明码标价，学生可以自己决定吃什么买什么。若职劳课工作成就差，钱少或没有钱怎么办？ 只能去借，得写借条，还得说好几句讨好同学的客套话，同学依情况可能不借。 借不到钱，没办法，只好汤泡饭了，但看看同学的碗吧，好羡慕！ 发誓下次一定好好劳动工作。 钱来得不容易，保管钱也很重要。 佳佳最不喜欢保管钱了，刚在协助下领到工资，就很不高兴地扔了，想吃饭了，才问"为什么老师总不给我？"小师妹佳佳偏着头愣在那儿不知所措，李师兄发现这个问题，拉着佳佳往她刚才扔钱的地方示意："钱！"佳佳迟疑一下，终于去捡起钱，高高兴兴地拿给老师："老师——钱"。 佳佳从此后对自己的物品有保管意识了！

依据需要，每月学生可以用工资到街上用餐，吃米线、豆花饭等。 学生要自行判断：哪家店是餐馆？ 卖什么？ 是我想吃并能支付得起的吗？ 选好饭馆后，又要想：怎么向老板表达需要？ 付多少钱？ ……老师在需要时给予适当的协助。

吃饭，是平常又自然的事情，却能从中学到很多。 在向阳，吃饭不仅仅是吃饭，也不仅仅是教学或体验生活，它综合训练多方面的能力。 我们注重每一顿用餐，并逐步导向学生健康优质的生活。

第五章　生态导向课程实例——学前班

一、主题探索——童年的冒险纪事

周千勇

"池塘边的榕树上，知了在声声叫着夏天……"窗外，这优美的歌声不时地传入我的耳朵，也让我情不自禁地回想起我的童年。渐渐地，思绪却不由自主地飘到向阳这一群天真无邪的孩子身上，他们那一件件新鲜奇异、惊险万分的趣事把我带入他们那五彩斑斓的童趣世界。

童年的梦是多彩的，童年的话是惊人的；童年的想法是阡陌纵横的；童年的行动是险象环生的……童年是那样精彩绝伦，是那样激动人心，然而，如果你的行动受限，如果你的思想于这世界有太多的空白，如果你的口舌不听使唤，如果……你还有那多彩的梦？还有那惊人的话？还有那阡陌纵横的想法？还有那险象环生的行动？……

这里，就有。向阳的小朋友们，他们就有。

不信，你瞧，"我当科学家做物品沉浮、颜色的调配；我驯服吃月亮的怪兽；我当服务员做冰激凌；我当导游做江津旅行；我当演奏家参加音乐会；我当魔法师探索魔镜的世界；我当圣诞爷爷为大家送上希求的礼物；我当前无古人后待有人的飞行员（因为我们自己制作飞机自己飞行）；我当……"有什么样的梦想就有什么样的世界在他们的心中产生。

此时，你一定也被深深地吸引。如果你也想周游这斑斓的世界，请你随我同行。

1.他们历经险境而实现梦想

他们说：老师，虽然我不会读出琅琅的书声，我不会写出工整的作业，我不会……但是我会将许多东西乱扔一气，我会将东西弄得乒乒乓乓响，我会"计谋"百出，我会闲逛不倦，我会变变变，我会转转转，我还会飞……不会的有老师慢慢教，会的也没逃过老师的火眼金睛，并且还会教你像智者、勇士一样用这些会的去做你喜欢的、有意义的、新奇的、有挑战性的事情。因此，他们不经意的暴露便成为梦想的源头，是冒险之路的起点之一，另外，还有各自的学习主要方向、父母的期望、时令的规则、节日的怀想等。于是，老师结合众多因素，引导他们踏上不一样的历险之路，并且在这个导引之路上，或者赋予他们向往的美称，如聪明的一休，让他们在路上充分运用智慧解决疑难问题；或者赐予一件物品，如飞机，让他们借它完成工作。就这样，险象丛生的童趣世界有了通往之道。

2.斑斓世界里的风景

一路走去，路上风景多多，究竟他们该让哪些风景留在脑海，踏寻哪条探索之路，这得靠我们老师指点迷津。

每当这些小朋友们解决了一个疑难问题或者在一个站点完成了工作后，他们都要重新出发，此时，老师们请他们的代表一起，总会先讨论。我们常常会天马行空地围着新问题头脑风暴，比如做冰激凌，大家想的就有：我喜欢吃冰激凌、我知道冰激凌有很多种、卖冰激凌的小姐很可爱、吃冰激凌的地方很浪漫、我知道有一些关于冰激凌的故事、我可以给冰激凌编个舞蹈、给冰激凌变魔术、做个冰激凌的生日蛋糕……于是，老师便依据他们感兴趣的，符合他们目前能力的，学习目标有要求的，学习这些事情后对自己生活有帮助的来选择，经过不断地推敲、琢磨、删减，留下精华部分，就成为通向这个小小斑斓世界的大道。另外，造飞机的构思方式也差不多，只是想得更多，删减时更加有条理和实作性（见附表 14 "三班单元教学活动卡——造飞机"、附表 15 "三班单元教学活动卡——冰激凌是怎么做的"），我们称这种分析法为概念分析法。或者我们会依据要成功走向这个世界的逻辑关系而分析中心词，并将这些中心词的内容进行关联分析，我们称这种分析法为系统关系图法，比如当科学家进行物品的沉浮及调配颜色的实验就是采用的此法（见附表 16 "三班单元教学活动卡——物体的沉浮"）。 现在，我们已较少用这种方法了。

3.如何披荆斩棘开路到达

每次要踏上新路时，老师都要给他们一些动力，让他们在路上无论多艰难都要继续走下去。 比如要做冰激凌时，老师和他们一起上街去买了各种各样的冰激凌回来观察，搞得大家垂涎欲滴却不得消受口福，也去别人的冰激凌店感受气氛，于是便心动不如行动了。 行动中，天天有更新鲜的事在后面等着，又有老师变成的可爱的冰激凌小姐相伴，这下这行动可谓一发不可收拾。 再如造飞机，首先大家就一起去体验了"飞"的美妙感觉，再如驯服要吃月亮的怪兽就由老师讲解有关天狗吃月亮的故事，而当导游做江津模型时，则先看由老师在一个他们不上学的日子里做好的雏型并告知其诱人的结果：要在这个长江里养鱼，在这江边走鹅卵石小路，在这片土地上种花草……类似的引人入胜的开头数不胜数，而学生们则屡屡被这些新奇事物带上一条条探险之路而"执迷不悔"。

跨出万里长征的第一步总是容易的，而怎样一路克服重重困难走下来才是关键。 逐段前行、逐个攻破是成功的法宝。 比如在做冰激凌时，先由老师出示几种环境设计方案，供他们选择后一起动手布置出温馨的冰激凌屋，然后老师试做冰激凌，再用他们自己做的冰激凌来"化妆"造型和做冰激凌生日蛋糕，最后才为冰激凌欢呼而跳起冰激凌圆舞曲。 再如在造飞机时，大家先探索可以飞的东西是些什么，怎样飞的，然后才来看模型做设计并分工制作，有了飞机后试飞，最后邀请嘉宾来举行启航典礼，从此，飞机就开始一次次地载着大家往下一站去工作……然而，在这一段段的路中，仍有很多的荆棘，此时，老师就要充分激发他们的智慧和能力，必要时还要伸出援助之手来帮助他们解决问题。 比如教做冰激凌时，老师不仅要当场示范，还要将方法写成一个流程，并且配画上直观的图示，呈现用品时要让每个人都看到，做动作时尽量让每一人都亲自体验，为冰激凌"化妆"时，有各种各样的样品仿照，也有老师的当场启示……再如造飞机时，将每个小活动分成三个不同的层次来合作完成，在造时，自我学习型的同学就要讨论出飞机的式样、颜色、标志等，他们在做时不仅可参考杂志，也可请人帮忙设计再来选择；而常规学习型的同学则要多看多玩飞机模型。 参与美化飞机等，美化时可涂可贴可画，只要是自己愿做能做的就行。 在试搭飞机时，自我学习型的同学不仅要负责设计机票、售票、宣读广播稿，还要负责登机的一切程序管理等事情，这些都有样本参考，或者请经验丰富的人来分享经验，或者有工具书参考。 而常规学习型的同学则要靠听广播行事，看信号来做出正确的反应等，这些事情每日都有机会给练习，讯号都是明显的，学习应用过的。 此外，老师也要来当空中乘务员参与其中……总之，费尽心机使尽奇招，顺利解决了重重困难就行。

历经险境的尽头，就是向往的斑斓世界，或者说就是下一路的起点。 只有走到了这里，才有极致的兴奋，只有走到了这里，才更为一路上的艰辛喝彩。 因为在这里，可以吃冰激凌和看到出色的冰激凌圆舞曲，可以看到因搭乘自己制造的飞机后的满足笑脸，可以看到被驯服的怪兽帮我们做事，可以看到小鱼在长江里快乐地游玩，我们的小轮船在长江里行驶，可以用魔镜来表演"白雪公主"为游园会助兴……

4.来自四面八方的感慨

总是让人惊讶不已、层出不穷的童趣世界一次次展现在大家面前，何人不会感慨万千！ 因为每一个小小的梦想都是不一样的，而通过老师的帮助和他们的双手，他们的梦境变成了现实。 比如当手工艺人时，室内到处飘着他们用调配出来的颜色涂染过的彩绸，还有为"比武大会"准备的彩色腰带；当设计谋驯服怪兽时，室内到处都是怪兽要吃的类似月亮的圆形物品；当做冰激凌时，整个教室完全是冰激凌的世界，到处是诱人的"冰激凌"，还有专门的冰激凌甜甜屋、冰激凌"化妆"屋、冰激凌魔术屋；当造飞机时，全校完全变成了一个飞机场——穿堂变成了售票中心，办公室变成了播音室，体能室变成了候机厅，小走道变成了上机的安检通道，平时上课的小教室是行李寄存处，大教室是飞机场；当探索魔镜时，小走道又成了时光长廊，教室又成了上演"白雪公主"的剧场……总之，千变万化，神奇不一。

学生们说："哇，我们好像生活在童话乐园里。咦，又变了……""我不管在校待多久，都不腻。我们都喜欢在学校耍，学校比较好玩……""哎呀，又变了，好漂亮，学校可不用别人来装修……"

老师们说："他们比原来更能懂了，能独立做的事越来越多了。""他们对这个活动很感兴趣！""大家的参与度很不错！我上这个课，觉得挺有意思的，很好玩"。"这个地方，下次要调整……"

家长们说："我们鹏鹏回家用盆子装了水，把什么都放进里面看是沉还是浮。""我们豪豪自己去找的这个东西来喂怪兽。""可以把这个搅拌冰激凌的动作用到搅蛋上。""孩子很喜欢乐器，这次还有机会表演演奏，真好。""孩子说，他学习江津模型后能找到好几个同学的家和江津好几个地方了。""我们富富回家自己扶着墙壁去把阳台上的花儿全摘了，说要拿到学校上课时做颜料……"

每一个不同的梦想里，有很多惊奇被大家探索出来，在这历险的一路上，不时给我们无预期的收获和乐趣。比如物品的或沉或浮，总是引发大家激烈的推测甚至争论或者是大笑惊叫；怪兽的出现令大家凝神屏息，甚至有人差点吓得掉眼泪却又舍不得少瞧一眼，它的被教化却又令大家欣喜若狂；冰激凌圆舞曲令观赏者捧腹大笑，而各位表演者还若无其事地专心于表演；飞机虽然还是在地上，但还是有很多人争着"我要开飞机"……

这一路的同行，让你陶醉了吗？

窗外的歌声不知何时已停止，但我的思绪却还在飘荡，因为我知道，他们这样充满奇幻的童趣世界还有很多很多，而总是孜孜不倦、勇敢探索的儿童将心怀坚强、面带笑容。像这样充满冒险的童年纪事将烙印每个经历者的心海，我也将因为他们而再次享受这绝美的童年。

二、向阳的感知课——不仅仅是在玩

黄婷婷

感知课就是利用感官（视觉、听觉、味觉、触觉、嗅觉）对环境形成有意义的知觉，换句话说，就是能感觉周遭事物，并"知道"。它讲究趣味性，让学生在活动中自动自发、愉快地学习。感知课主要适用于学龄前常规尚未养成的学生。感知课上的一些活动，可建立学生对环境的注意力及反应能力，是向阳学生进行进阶学习及小组活动间的过渡性课程，它可以根据学生 IEP 的需要而设计，让学生在活动中不知不觉地学习常规、养成常规。通过感知课的学习，我们可以提升学生以下几方面的能力：

（1）培养学生的注意力。

（2）培养学生听令、配合的能力。

（3）调整学生的触觉敏锐度。

（4）培养学生视觉注意力、视觉辨别、听觉敏锐度及听觉辨别的能力。

我们向阳的感知课分为两个部分：第一部分是利用单元课的内容，找出一个感知主题，再根据这个主题设计成一个很有趣的听令活动，活动可以有很多，但内容都是围绕这个主题的。第二部分主要是将生活中的一些活动设计为玩的形式，让学生在玩的过程中学习一些技能。从而逐步养成常规。

下面以"诗歌朗诵"单元为例，介绍感知课的活动。

先从"诗歌朗诵"这个单元中列出生活中常见、常用的物品，如磁带、录音机、话筒、歌本等，从这些物品中找出学生较喜欢的、感兴趣的、想去玩的东西——磁带。把"磁带"作为这个单元感知课的主题开始设计活动。在这些活动中要让学生学习"磁带是什么？""磁带拿来怎么用？"等。

第一部分：学生进教室后在自己的位置上坐好，和老师互相行礼问好。老师展示录音机给学生看，首先引起学生的注意力，然后在录音机内放入一盘有节奏、欢快的儿歌磁带，并且发乐器给学生自由敲击，随着儿歌敲打出声音来。　自由敲击后，老师拿出乐器示范，让学生模仿老师正确敲打乐器的方法。　在老师和学生一起敲击乐器的时候，老师放入一盘空白磁带，录下学生敲击乐器的声音，并且把录下的声音放给学生听，学生突然从录音机里听到自己刚才敲打乐器的声音，很好奇，就很注意听。　在听得很投入的时候，关掉录音机，学生听到声音突然没有了，就把注意力转到了录音机上面来，还有的学生站起来抢老师的录音机，然后自己拿过来开录音机。　老师把磁带取出来后让学生开录音机，结果学生怎么按也按不出声音来，就把录音机还给老师，要老师帮忙。　老师这个时候把磁带重新放回录音机里，一按，声音出来了，学生很高兴。　老师再让学生按开关键，声音又出来了，然后重新关掉录音机，取出磁带，把磁带给学生看。　老师教他们，从录音机里取出来的就是"磁带"，磁带是长方形的，中间有两个洞，让学生伸出手来摸一摸这两个洞，感觉一下磁带的形状。　老师拿出很多的磁带，给学生看磁带都是这个样子的（认识什么是磁带），然后用动作和声音告诉学生磁带放进录音机里就可以有美妙的歌声出来。　老师还让学生自己动手操作把磁带放进录音机，并按开关键放音乐出来（磁带是用来做什么的）。　学生很感兴趣，一会儿把它关掉，把磁带取出来，一会儿又把磁带放进去按开关键放出音乐来，很是高兴。　一会儿取出，一会儿又放进去，就这样反反复复弄了好一阵子，注意力全都放在录音机和磁带上了。

　　见学生们的注意力都在录音机和磁带上面的时候，老师就把准备好的教具"磁带"（苹果雕成长方形、中间挖两个洞做成的"磁带"，面粉加糖烤成的"磁带"，馒头做成的"磁带"……）和真的磁带放在一起，让学生分辨真假磁带。　他们如果选择假磁带，放进录音机时没有声音，再让他们换成真磁带放进录音机，在进行一番分辨和香味的提示之后，就可以区分真假磁带了。　老师正在为自己的"成果"感到欣慰时，而学生的注意力这时全都又放在了那堆可以引起他们分泌唾液的"磁带"上面了，再一看，每个人的手里都抱着一盘"磁带"尽情享受。　享受完手中的"磁带"后，感知课的第一部分要告一段落了。　也许会有人感觉，这哪里是老师上课，完全就是老师和学生在一起玩。 确实，我们的感知课就是让学生在玩耍中学习。

第二部分：享受完手中的美味之后，老师从桌子下面端出一盆清水来，不要以为是给他们洗手用的，是拿来做什么的呢？ 只见老师拿出一根长长的吸管插入盆中，开始表演起吹泡泡来，这一吹可不得了，刚刚还在回味着"磁带"的孩子们，得赶紧收起味觉带给他们的甘甜，进入到视觉带给他们的满足。 见学生们的注意力全聚到了这盆清水后，老师又从桌子下面摸出了一瓶洗洁剂，滴了两滴在清水中，然后又拿出一篮子的玩具放入清水中（当着他们的面放进去），用他那根象征着"魔术棒"的长吸管对着清水吹起来，白色的泡泡越来越多，弥漫了整个盆子。 学生们都伸出手去抓泡泡，放在手上玩，一会儿泡泡不见了，再抓，又不见，又再抓，乐此不疲，非常投入。 这个时候，老师下了一个学生十分乐意做的指令："把水里的玩具捞起来"，一声令下，一只只小手又开始工作起来，"摸三角形""摸圆形""摸积木"……（学生摸到什么玩具，就说什么玩具），这个时候，学生既可以趁机玩一下泡泡，玩一下水，又完成了老师发出的指令，何乐而不为呢！ 游戏结束后，有一点小作业要学生做，就是他们上个别课时已经学会或者已经会操作的作业，在课上再重新做一次后就要下课了。 也可把刚才做过的作业装在一个小袋子里带回家当成家庭作业做。

一个单元里有可能第二部分要有两个活动。 除了上面的玩水游戏外，还可以做触觉刺激活动和用毯子做成秋千来摇晃。 有的学生非常喜欢在老师用毯子做成的秋千上摇晃，常常赖在"秋千"里不愿下来，要老师一直荡，直到荡到老师筋疲力尽。 看到学生脸上满足的笑容，老师的疲惫再多也顿时烟消云散了。

学生通过感知课上反复、多次、同样的训练，他们的学习常规便有所建立，老师上起课来就不会感觉那么乱，学生的注意力也越来越集中，不仅这样，学生听指令做反应的能力也会有所提高，而且感知课上还训练了学生听觉的敏锐度及听觉辨别的能力。 最重要的是，在感知课的感官游戏中，学生在游戏中很快乐地学习，没有让他们感受到上课的压力，获得了满足感。

三、学习常规的进阶学习——自由前的束缚

程庆

在向阳，有一套专门用来为部分学习常规不好的学生做常规训练的盒子，我们向阳老师称它为"常规盒"。里面的东西其实很普通，可它们却为我们学校部分常规不好的新生和旧生在学习常规方面立下了汗马功劳。以下就介绍一下我们向阳独创的进阶式常规训练。

目前，大家所看到的进阶式常规训练盒，一共有二三十个。下面谈谈常规进阶训练的主要内容和进行方式是什么。

1.什么是常规进阶训练

任何学生进入学校学习，他都必须具备一项能力，那就是学习能力。学习能力包括听、说、读、写、看、思考、模仿，而对于我们所面对的特殊孩子来说，他们很难具备所有这些能力。所以，我们从中挑出了我们认为最重要的三项学习常规作为训练的主要内容：听指令的能力、注意力、模仿力。试想，一个孩子如果没有这几项能力，他的学习状况是很差的，若将他安排同一些常规好的同学一起学习，不但他自己学不好，同时也会影响其他同学。如果通过常规训练，具有了这三项能力以后，该生基本上就可以脱离对个别教学的依赖，而进入小组教学形式学习了，也就是说，他已有了基本的学习常规，可以和其他孩子一起学习。

2.常规训练在向阳中心的发展初期是怎么样的

向阳中心最开始的常规训练，是为一位刚来的新生设计的，她是一位从未正式上过学的八岁孩子，由于家人的教养方式和她智力因素的影响，她在学习行为上有许多让人头疼的地方。如学习时，注意力不集中，手的操作能力不好，听指令行事的能力很差，动作和语言的模仿力都没有表现出来，情绪的控制能力也不太好，易发脾气，还伴有轻度自伤和伤害别人的行为。面

对这样一位挑战性较大的学生，我们一步步为她设计出了今天的"常规训练盒"。

刚开始，我们一节课分了两部分来设计（见附表 17"常规训练活动"），前一部分由老师教学，后一部分由该学生的家长来教学，老师在旁边观察，前后两部分的教学内容是一样的。 因为接受常规训练的学生，如果只依靠每天在校的 30 分钟个别课来训练常规，其进度是很缓慢的。 所以，我们让家长也来学校学习操作，回家后便可以当成做作业来让他完成，练习熟了以后，还可以当作休闲活动。 在这一份活动卡中，可以看出，刚开始的常规训练，都是以具体的可操作的事物来教学，主要分成：嵌塞、撕、拉、扯的能力，物品的配对与分类能力，印盖和夹夹子能力。 在每一个活动之下，均设计了相应的教材、教具，使之反复地训练此技能。 如在嵌塞活动中，就有放核桃入盒子内（这是较容易的嵌塞），再是放豆子入圆洞板（手中所拿物渐渐变小，所投物的口径也变小了），然后嵌塞形状板（动作和视觉辨别的要求越来越高），接着是塞牙签入小孔（手的精细和视觉注意、视动协调能力需要更好）。 这些活动都训练了学生的视觉注意力，视觉空间辨别力，视动协调力，手部对准目标拿、抓、放的能力。 而且由于任何能力都是渐进式发展的，所以活动的难易度也是要控制的，由易到难，学生才易学习和接受。

这是我们前期的教学内容，而它的呈现方式是与现在不同的，上课一开始，教师以摇铃铛作为本节课开始的讯号，当然，下课时也是以它作为下课讯号。 每一件物品（教具）呈现之前，老师都要用固定的指令提醒学生注意："请把手背好，眼睛看老师。"当学生照做后（如学生不愿照做，由旁边的助教协助她，也有可能是家长帮忙协助，有时也是老师自己协助），老师才呈现出由小盘装着的某教具。 为什么要用小盘装着呢？ 这是为了让学生在他们学习的初期就认识什么是一个完整的形象。 呈现物品后，老师开始示范并讲解如何操作该物品。 注意，在讲解时要讲关键语，争取她短暂的注意时间，用她理解的语言清楚地说明如何做，之后，换她模仿操作时，老师随时要注意她需要的帮助是什么，并做适时的协助。 当她在你的指导下完成了作业后，再将物品完好地放入盘中，然后换下一个，依次进行活动卡上的活动。 家长个别辅导教学时，老师便在旁边观察，一般不是很有必要时，不必介入。 家长做个别辅导教学时，可以适当加入一些简单的作业，但需是家长熟悉的物品，并在课前向家长说明操作方法。

3.进阶式常规训练方式的设计结构

在一个单元接一个单元的教学活动中，老师们设计的常规训练课，渐渐开始有了重复，好像找不到下一个训练目标在哪里，整个训练是不是应该有一个主要的发展顺序？ 为什么总抓不住一个很有结构的训练模式？ 于是，教学主管李老师协助我们整理出了一套完整的进阶训练模式图（见附表17"常规训练活动"）：进阶一—进阶二—进阶三—进阶四—进阶五—进阶六。这就是后来我们一直延用至今的活动设计，有了它，就有了我们的进阶盒。它主要将学习的先备能力分为视觉与听觉两大部分。 其中，视觉能力又分为视觉注意力、视觉辨别力、精细动作能力、视觉空间顺序能力、视动统整能力。 听觉能力又分为听觉注意力、听觉追源能力、听觉分辨力、听觉理解力、听动协能力。 视觉训练是整个常规训练的最基本、最首要的内容。 所以从进阶一至进阶四，都是有关视觉训练的内容，而进阶五和进阶六便着重于听觉能力的训练。

4.常规训练进阶操作盒是如何配备与准备的

常规训练进阶操作盒的配备其实很简单，准备方法主要就是找到表中所列出的每一个小活动相应的教具，并将它们分别放进半透明的塑料盒中，再依序（此表中的顺序）编上是几阶第几号就可以了，之后再依次摆放到学生易取拿之处，并按编码的顺序来摆放，让学生在操作过程中养成可自己按编码顺序取拿的能力，从而让学生开始慢慢认识物品操作的顺序感。

活动卡上每个小活动都一目了然，可知需要准备和要教给学生的是什么内容。 不要小看每一个不起眼、平常的小活动，通过严谨的反复练习，你会不知不觉中发现原本顽皮的孩子已经变得乖巧起来。

5.弹性地依据需求设计常规训练的教具

在常规训练活动中，并不是必须按照活动卡上的要求去选择教具，要依据你所面对的学生的个别特征和学习目标去设计教具。 如某位学生只对"咬"物品感兴趣，便可将可以安全嚼咬的玩具或食物装进盒中，以此来达到训练他听指令反应的学习目标。

还有一个可能性是，你还可以用这种"请打开盒子"的方式来训练对许多刺激和指令都没有反应的学生，可将他们感兴趣的物品放入盒中，要求他只能在听到"请打开"以后，才能打开盒子。 这样一点点学起，使他慢慢学习去听别人的指令。

6.补救教学策略

在进行进阶练习时，学生刚开始是不会操作教具的，因为进阶常规训练的目的是以训练学生的上课学习常规为主，所以尽量给其操作的教具难度不要太大，否则就需要老师在课外的其他个别教学时间，加以补救教学。 实施补救教学需要老师掌握一定的教学策略，它主要的实施步骤如下：

首先，判断失败的原因。 分析出该生完不成这项操作任务的问题所在，先将该项工作仔细分解出完成的步骤，再看该生究竟在哪一步骤时存在问题。 如分类外形看起来是长条形的牙刷、笔、梳子，若学生不会分辨并插入圆柱形纸筒中，分析后可能是视觉不会分辨，听觉上不理解、不懂指令，身体动作上不能协调对准筒口等。

其次，改变协助的程度、形式。 要根据分析出来的可能问题，想出协助的方法。 如果是关于身体动作方面的协助，可以是教师带动学生整个身体去操作，称作全协助方式；也可以是只需稍微扶起身体某个部位来操作，称作部分协助方式；如果是关于视觉方面的协助，可以采用完全示范多次或图片提示、标记提示等方法；如果是关于听觉理解上的问题，准确的示范和简洁易懂的说明就很重要了。 想出的协助方式在实施过程中，还需要根据学生的反应情况，不断从协助的程度和形式上做改变、协调。

最后，还可以考虑在学生的动作反应的难度方面做改变，依据学生的能力来要求他所要达到的表现。 如果这些策略都没有达到好的成效，便要考虑改变教材内容的难度或性质，也就是要找到一项适应该生目前能力发展水平的教材，才能使教学活动顺利进行。 直到该生对此内容已能基本操作，便可将其设计为进阶训练的学习内容。 但也有一些学生会在进阶学习的同时学习新的内容，但这需要在该学生的学习能力、动机、常规已初步养成的条件之下才可执行。

7.进阶训练时需注意的指导方式和行为处理方法

在常规进阶训练时，主要指导教师是整个活动的控制者。 进阶训练是一项较严谨的个别训练形式，它的指导语须按程序、需要发送，一般不随便发指令，因为在进阶训练里，我们的期望是发出的每一个指令都能让学生注意、理解、反应。 而要达到这样的目的，所给的指令就必须是学生能听懂、熟悉的。 太多的或陌生的指令会让他感到模糊，不知道要做的事是什么，容易分散他的专心度，甚至引发情绪。 所以，在常规训练中，老师主要注意的几点是：

(1)以固定的语言说明一个小活动的开始，如"请打开"。

(2)以固定的指令说明可以动手了，如"请拿出来"。

(3)以固定的指令说明现在要做什么，如"请把钱币塞进这个铁筒中"，老师边说边做示范。

(4)以固定的指令说明让他开始做，如"好了，现在你来做"。

(5)做的过程中，老师要适时指导和用食物或代币及口头表扬来做增强，依学生情况口头增强指令可夸张一些。

(6)完成后，以固定的指令让他收起来，如"请收好""盖起来""请换盒子"。

在教学中，还有可能发生的是学生的行为问题。 关于行为处理的具体方法不太可能在这里具体说明，为保全教学的顺利进行，有几点注意事项：

(1)教学时，对于可能有情绪困扰的学生，教师需多备份同种教具，以防学生在学习时会乱扔或撕毁教具。 老师最好不要下位拾教具，有随手可再用的就好，以防强化学生此行为。

（2）在教学中，若学生不专心，教师不要去强调他不好的行为，而是以正向的行为方式让他注意，如一直要他做什么，而不要叫他不要做什么。

（3）如学生十分讨厌上这课，教师先勉强他一下，实在不行，可要求他听到一个讯号或指令才可以离开，使他知道做什么事，都需听到指令才行。

（4）如遇有攻击性行为的学生，教师除了要预防他伤人行为的出现外，还要注意自伤行为。　对于这一类学生，老师不能太急，要从他有兴趣的、容易的入手。

向阳的进阶式常规训练方法如上所述，几年来，被灵活运用在教学活动中，为学生的学习、成长发挥了很大的作用，是我们手上的一件教学法宝。

四、前语言训练——想方设法，化枯燥为快乐！

龚利

为把枯燥机械的前语言训练变成生动有趣的活动，向阳采取综艺节目的形式来吸引学生进行自然而然的练习，为语言的发展做准备！

待小朋友们坐好、安静以后，随着一阵热烈的掌声，小朋友们期待的主持人出场了。　啊，一定又有精彩的节目要上演了吧！　节目精彩与否，让我们一起感受一下。

其实，主持人的出场，是为了这一节前语言训练课。

我们的小朋友经过了整整一年的训练，基本上知道了这节前语言训练课的内容。　有三位主持人就代表这节课分为三个部分：第一部分，第一主持人负责，此主持人纯粹是主持人角色，要准备好开场白，引起学生的兴趣，最后要由此主持人总结、归纳这节课的内容。　第二部分，第二主持人出场，此主持人的职责是要利用各种教具来活动小朋友相关的肌肉、关节，从而为第三主持人的主持做暖身准备。　第三部分，第三主持人接力，此主持人要运用已暖身活动好的肌肉、动作进行游戏，诱导小朋友发音。　小朋友在这 30 多分钟里的表现，让老师对自己的安排还有些留恋。

感受这节课的学生、老师有如此之大的兴趣，是因为大家在这节课中，体味着在游戏中放松的自己，且时时都有"小鹦鹉"的怪腔出现，非常有趣。

下面简单地介绍一下这节课的主要学习内容。

通常我们这节课主要以教小朋友发音为主，如拼音的发音，日常生活中常听见的声音的发音，唱歌时的发音等。

关于这节课的设计，三位主持人对此节课要练习的音要有共识，才能分别去动脑筋，设计开场白中学生有兴趣的游戏，以及发此音涉及的肌肉、动作，并去准备相应的教具。

至于一节课怎样来贯穿呢？　简单地举例介绍一节课。

"叮铃铃、叮铃铃……""上课啦……"

第一主持人出现：以故事形式引起学生兴趣。

鹅大哥出门

鹅大哥一摇一摆地走出门去，走到池塘边，看见自己的倒影（用镜子），心里乐滋滋地说："瞧，我多漂亮，红红的帽子（戴红帽，且举起双手摸头），雪白的羽毛（抖动全身），谁也比不上（按摩双肩，压双腿，转一转）。"

鹅大哥真神气，大步大步往前走，突然一股风吹来，它闻到了一阵阵香气，于是，使劲地吸了几口香气，心里美极了。恰在这时，蒲公英的种子也随风吹了过来，茸毛还粘在了衣服上，它便调皮地边吹茸毛边伸手掸了掸衣服。茸毛被它吹到空气中飞舞着，它得意地裂嘴笑了，露出了一口白牙。随后，它还做了做鬼脸（伸缩舌头）。

鹅大哥越来越神气了，它把胸脯挺得高高的，这时，别的小鹅看见了，都齐声高呼："a——，鹅大哥真漂亮，我们要跟你学。"

老师问学生："你们想不想跟着学？"学生："想！"

老师说："好，下面，请跟×老师和×老师学本领，学会了我再检验像不像。"

第二主持人出现：训练相关肌肉、动作。

（1）松弛运动：①举放双手。　②抖动全身。　③按摩全身。　④压双腿。

（2）口腔功能训练：

①嘴部练习：吹——火柴、蜡烛、羽毛、乒乓球过桌面、塑料袋、泡泡……

　　　　　　吸——用吸管吸糖开水、空笔杆吸纸片、将白纸吸在嘴上……

②唇部练习：展唇——学生模仿展唇露牙地说。

　　　　　　闭压唇——将嘴唇压在一起欲发声，再紧缩唇部做吸的样子。

③舌头练习：（可对镜子做，用糖涂嘴巴四周）

　　　　　　伸缩—上舔—下卷—左右—上下

第三主持人出现：训练发音。

（1）认识元音字母"ɑ"（用鸡蛋诱发发音）。

（2）教认 ɑ 的音调（ā á ǎ à）。

（3）练习"ɑ"的长音。

（4）教"ɑ"的叠音。

第一主持人再次出现：总结归纳。

（1）老师说一遍故事，学生配合做动作和发音。

（2）表扬同学。

（3）下课。

经过上面的介绍，你了解我们的这节前语言训练课了吗？ 如有疑问，我们还可继续探讨，让它发展得更好。

五、会说话的学校——浅谈向阳中心的环境布置

龚利

教师应该都听说过这样一句话："一切为了孩子，为了孩子的一切，为了

一切的孩子。" 时下，"为了一切的孩子"，我们比较重视课程，而课程里包含教学环境这种因素。 教学环境以一种潜在课程的方式存在，它在无声地影响着教学效果。 老师如果不能有意识地设计和创造环境，那么教学效果就会打折扣，所以老师很有必要将教学的环境布置成一个有刺激、有趣的，并能规范良好行为的地方。 教学环境的布置、安排亦代表着"教室会说话""学校会说话"，老师对孩子的行为期望往往就呈现在教学环境与空间的安排上，这些都会深深影响孩子的学习活动。 现在我们就向阳这些年来在教学环境布置方面的心得、体会简单聊一聊，在聊之前，先分享一段既真实又有趣的小插曲。

"叮铃铃、叮铃铃……"电话铃响了。

——"喂，向阳，你好"。

——"喂，我来自××，是来参加工作营的学员，我现在在三通街农行处，请问到向阳怎么进？"

——"从农行对面的巷道进，二单元二楼。"

——"好，一会儿见。"

——"一会儿见。"

3分钟、4分钟、5分钟……近20分钟，仍不见来人。 终于听到门铃响了，打开大门，只见有两个人手拎大旅行箱，站在大门口，喘着大气，嘴里还嘀咕着，看样子是刚上了九楼，又下了八楼，没见有向阳，她们正犹豫着："这哪里是向阳呀？""你们是参加工作营……？""这里是——向阳中心？""向阳中心、鸣剑山庄、向阳、鸣剑。"经过简单的解释，学员才明白那时的向阳对外（学员、来宾）仍是向阳，对内（学生、家长、老师）则布置成了鸣剑山庄。

通过上面的小插曲，可以看出，向阳的教学环境是根据单元主题的需要进行布置的，会随单元主题的改变而更换教学环境。 这种改变一定很有趣、很好玩，是吗？ 从一次次的更换来看，对学生而言，确定是的。

在向阳，每位学生都有自己的 IEP，老师根据学生的短期目标，制订出单元主题、功课表，接着，就要对向阳的空间进行环境规划、设计、布置。

这时，教学环境布置就会考虑到诸多因素：学生的特质、爱好、能力、年龄，学生自主掌握能力，可操作性，学生的自我管理能力、自我约束能力，学生的障碍度等，在布置每一个教学空间时都会将这诸多因素考虑在内，我们尽量做到，并力求做好。

怎样来考虑每一个教学空间的布置呢？

教学空间的布置包括墙饰布置和地面空间的安排，其中地面空间的安排多涉及空间物品的摆放，这就需特别考虑到学生的特质。一般情况下，不考虑空间物品的添置，所以只要根据既定的空间，从学生的利益出发，安放适当则可。但墙面的装饰方面就是老师的职责了，且要力求精益求精，因为墙上的装饰会让学生非常感兴趣，所以墙壁是一个非常好的布置场所。老师应尽量将墙壁创设成一个有趣、具启发性的学习空间，当然，如若墙上的装饰品太多，会造成视觉拥挤，让孩子心情浮动，且极易让孩子分心，也会使教室看起来狭小，因此，可以不必贴满装饰，留一些空间。

下面，着重就墙饰的布置举例介绍。

向阳的教学环境分为两个区域，一个是小班的以生活为核心的主题探索教学空间，另一个是大班的以生活化为主题的教学空间。

先介绍小班的教学空间。

曾有一个单元主题"造飞机"，为了配合此一单元的学习，我们将体能室变成了"候机室"，走廊变成了"检票口"，团体活动室成了"停机场"，穿堂的超市兼营"售票"即"售票处"。

在整个候机室这样的大空间里，想到我们这样一群特殊的孩子，有跑的、跳的，有不能自由移动的，他们的需求不一，因此设置有幕布，便于在候机时观看表演；设置有绿色的草坪、鹅卵石铺成的小路，便于给有些孩子不同的触觉刺激；还有两棵大榕树以及茅草盖的小屋，让孩子静下心来时有美景欣赏，放松一下心情。当然，整体的布置还有如拼音墙、数字墙，以及攀爬架、球池等。

在"检票口"处，有意思的布置尽在其中，头顶的设置是蔚蓝的天空，左右两边有魔法镜、声音墙、触摸墙以及作品欣赏区，让每一位旅客有宾至如归的感觉。

"停机场"除了有一架"大型飞机"在那里以外，上空还布置了蓝天、白云，让坐上飞机的旅客透过飞机上的玻璃窗可观望天空，有身临其境之感。

最简单的是"售票处"的布置，除了必需的桌椅以外，还贴有一张票价一览表和两篮鲜花。

再来看大班的教学空间。

以"××大学"此一单元主题来看，因大班的孩子年龄相对大些，大多正值青春年华，对大学生活充满向往，所以安排此一单元的学习。 在讨论此单元之时，又考虑到学生常看见电视里的镜头，对古典式的学堂可能兴趣较浓，所以整所大学皆以古典的园林呈现。 首先印入眼帘的是长长的绿色长廊，有竹藤椅排放两边。 进到学堂有孔夫子的像摆挂正中，两边是对联，还有门帘。 授课时，有穿长衫的先生坐矮桌上执教，桌上摆放砚台，有人研墨，且用毛笔书写竖排呈现板书，台下是一个个盘坐在垫子上摇头晃脑念书的弟子。 另外，布置有膳桌、凉亭等，处处都有一种古朴味道。 学生对此单元的学习，充满了好奇、新鲜感，学习兴趣浓重。

聊到此处，你不觉得现在向阳的布置与传统学校的布置不同吗？ 仅从环境布置上就可看出端倪。 向阳是"鸣剑山庄"，是"航空公司"，是"××大学"……向阳正朝着生态方向在发展。 那以后会是什么样子呢？ 学生的学习不会固定于某个地方，他们会在生活中学习，既有趣又能融入生活，从而更好地适应生活。 让我们共同期盼这一天早日到来吧！

第六章　融合教育试探

一、融合教育的尝试与思考

胡菡

（一）缘起

当今的特殊教育思潮是由隔离教育走向融合，强调让正常孩子与特殊孩子一起学习，这对双方的成长、教育都有利，能促进社会进步与全纳教育观的发展。

向阳也紧紧跟随国际上特殊教育的新思想，在江津本土尝试开展了融合教育。

（二）实施方案的构建

与向阳儿童发展中心一墙之隔的向阳小学当时有师生一千多名，是向阳中心的睦邻，因此我们希望与他们携手合作共同来探讨、研究全纳教育实践。 计划先由一名智障学生入学开始，于是在 2001 年 9 月，向阳拟订了一份计划，正式向向阳小学提出合作申请，其主要内容如下：

（1）选定一名中度智障学生，进入向阳小学一年级就读，并选择一位有意愿合作的班级教师。

（2）向阳指定一名教师与向阳小学班级教师合作，共同发展全纳教育模式。

（3）请重庆师范学院儿童智能研究中心的教授指导此研究课题，以便日后有专业论文发表，并向全国各地介绍推广。

（4）全纳教育的实施步骤和时间：

全纳教育实施步骤	时　间
1.培智生入学	开学时
2.参加早自习及第一节课,由特殊教育老师陪读,教导儿童之间的互动	入学后第一个月
3.参加早自习及第一、二节课,由保姆陪读,特殊教育老师设计"个别化教育计划""个别化作业",提供给班级老师备用	入学后第二个月至学期末
4.参加上午的课程,下午回向阳进行补救教学	下个学期

（三）实施方案的落实

实施方案制订以后，根据学生的实际情况，老师选定了一个动作困难、语言表达受限，但认知较好的学生刘飞（化名）作为这次实验的参与者。 在多次与向阳小学领导商谈后，终于达成协议，向阳小学同意刘飞同学作为旁听学生进入一年级四班学习。 一·四班的两位班主任李老师（语文）和张老师（数学）也欣然同意合作。

在向阳，我们通过刘飞的"个别化教育计划会议"与刘飞的父母进行商量讨论，听取他们的意见，争取他们的配合、参与，最后向阳儿童发展中心、向阳小学及学生刘飞家长三方一起签订了一份协议书，协调好相关的权利义务，其具体内容如下：

（1）自 2001 年 10 月 8 日起至 2002 年 1 月 18 日止，刘飞以旁听方式在向阳小学一年级四班每天参与一节课活动，其间为了腿部手术可能会休息一个月。

（2）向阳儿童发展中心及家长负责刘飞的接送、如厕、安全等问题，并自行准备课桌、课本、作业。

（3）刘飞在校期间，向阳小学老师只需善意招呼，不负安全责任，若有紧急事故，先紧急处理，然后立即通知向阳儿童中心老师处理。

（4）如果需要，刘飞家长会委任专人在教室门口等候处理一切事宜。

（四）实施过程

依照计划和协议，目前我们进行了三个学期的合作实验，其中两个学期大致情况如下：

1.第一学期

小学开学是在九月，当时我们与一·四班的班主任李老师就何时让刘飞进入班级上学进行了认真的讨论，决定在开学 1 个月之后，让刘飞进入班级学习。 这主要是担心一年级的新生才进入学校，没有建立起基本的常规，同时也担心同学对刘飞的接受态度，所以留出这一段时间让我们作好准备。

开始我先将刘飞同学的桌椅（与小学不同的）搬进一·四班的教室，李老师和我当着同学的面摆放，因为一·四班教室只有三十多平方米，而学生有七十二个，为了给刘飞一个安全、方便的地方，我们在教室中摆放了很久，才基本满意。

这时有好奇的同学开始来问我："你是谁？ 这桌子要给谁坐？ 他什么时候来？"从那时开始，我与一·四班同学的互动就开始了。

那时我常利用他们晨读的时间去一·四班，与他们一起读课本，鼓励、称赞他们，有时也给他们谈向阳儿童发展中心，谈刘飞，并邀请他们星期日去向阳看书、看录像（向阳的社区开放活动），很快一·四班的同学就熟悉了我，并且见到我也亲热地叫老师，有的同学还主动问我："老师，刘飞怎么还没来呀？"一切都很自然地按照我们的计划在进行。

向阳这边也为刘飞进入小学学习做准备，特别对他的动作问题做了一些规定，比如在人多的时候先靠边站着，不急着走，见到老师、同学要主动打招呼等，心理建设方面我们也做了一些工作，教导刘飞用礼貌的方式或忽视处理/对待别人的不理解。

这样，在 2001 年 10 月 8 日，刘飞背着书包高高兴兴地进入一·四班学习。 没有什么欢迎仪式，也没有什么特别的介绍，更没有什么爱心奉献的宣导，像接受正常同学一样，刘飞很自然地加入到一·四班。

　　记得第一天刘飞去上学的情景，他端端正正地坐在那里，俨然一个训练有素的小学生，课堂上他也像其他同学一样翻书、看黑板，还主动举手争取回答问题，第一节课下课，我带着刘飞收拾书包，准备回中心，刘飞还依依不舍，这时李老师走过来，她称赞刘飞上课表现不错，主动提出让刘飞上数学课，刘飞又高兴地回到座位上。 就这样，我们刚执行计划时就让刘飞上了两节课，而不是计划中的先上一节课。

　　我在陪读期间，重点放在教导学生之间的互动。 其实真正自由互动的时间不多，主要是在下课的时间，开始我进入教室，站在刘飞旁边，有同学来找刘飞我就会教刘飞主动与他们说话，比如做自我介绍，如果同学听不清楚，我就让刘飞翻开自己的书，让同学看书上写的名字，还教刘飞用握手的方式与同学建立友好关系等。

　　还会有同学问："老师，刘飞的左手怎么会是这样（因脑瘫，左手挛缩变形）？""他怎么老是流口水？""老师他说什么，我听不懂？""他走路怎么会是这个样子？"对于同学们的这些问题，我用同学们可以理解的话直接坦诚地加以说明，同学们会瞪着大眼安静地听我解释，我也希望通过我的解释说明让同学们知道，在他们这个班上有一个有特殊要求的同学，希望得到他们的理解、接纳与尊重。

　　一·四班的同学很快就习惯了刘飞的加入，在自由活动的时间里主动来找刘飞玩的同学渐渐多起来，疑问、奇怪的目光渐渐少去。 这时，为了让孩子们更自然地自由玩耍，我渐渐地退出教室，暗中在教室的走廊外观察刘飞和同学的互动。 比我预想的还好，不断地会有同学到他旁边去，有展示自己玩具的，有拿书给刘飞看的，有做动作表演的，有安静地在旁边找他讲话的，还有互相推撞打闹的，只要没有安全上的问题，我都会让同学们自由地去互动。 刘飞有时也会和同学一起打闹，还会踮着脚离开座位，也有摔倒在地上的时候，这时会有同学马上扶他起来，也有跑来告诉老师的，这些自然的互动情景让我看到刘飞进入班级学习对所有孩子的影响。

在这一阶段的语数学科学习中，我鼓励他尽量利用自己的听觉优势和记忆优势进行学习。因为受脑瘫影响，他的动作和语言表达都有问题，所以在书写和阅读上都受限制，不可能跟着班上的同学一起完成作业，所以我将他的作业本（拼写本、四字格、通项本）全部放大 5 倍，并过塑，让他在课堂作业时练习，简化他拿本子时的过程，让他自己书写修改，因为用彩笔在胶片上写字很容易擦掉、修改。使用粗一点的彩笔便于抓握。至于作业练习，我让刘飞回到中心再给他布置，数学作业变化较少，语文会出一些连线、圈选、判断等少书写的作业单给他。

刘飞入学第二周，开始让保姆陪他去学校上学，先带保姆去认识老师，之后将一些安全注意事项和对待孩子的基本态度交待给她。由老师带了一周后，保姆便可以承担接送刘飞上学的任务了。

但是，刘飞只读了一个月就去重庆儿科医院开刀做左脚的跟腱延长手术。原计划休息一个月之后再回到学校，可手术后因为伤口愈合需要休息，一直到期末刘飞都没能回学校上课。

对刘飞第一次进入正常班上学的情况，我和一·四班的老师都比较满意，所以经过该小学领导的同意，我们接着进行了第二学期的尝试。

2.第二学期

这学期一·四班又增加了两位同学，所以原本就有 73 个学生的四班，增加到了 75 个，真是一个超级大班。原来刘飞是自己用一张桌子，现在学生增加了，我们再也没有办法给他一个单独的座位了，所以我主动提出将刘飞的桌子撤掉，在两张桌子中间加一张独凳让他坐，这样才将班上的 75 个学生安排好。虽然对刘飞有很多不方便，但是我想学校能够在这么拥挤的情况下，给我们这个机会，而且李老师也很耐心，所以我们很珍惜这个机会，想办法克服困难。

李老师想得很周到，安排两位比较懂事的同学坐到刘飞的两边，好随时帮助他。就这样，刘飞在保姆的陪同下，开始了第二学期的小学生活，这对刘飞来说是一件很快乐的事，他喜欢上小学。 我也常常与他的老师沟通。 过了两周，李老师告诉我，刘飞与班上的同学互动得不错，很多同学都乐意帮助他，所以保姆可以不用陪读，征得刘飞父母同意后就采取了李老师的建议，保姆只去学校接送刘飞，其他的事就由一·四班的老师、同学帮忙。

这段时间刘飞在学校生活得很愉快，他回到中心也会常常告诉我语文老师教了什么，数学老师教了什么，谁帮了他等。 我感到刘飞变得比较开朗顽皮了，会主动地与同学打闹了，我想这大概是互动的结果吧。

这时我教刘飞主动去交朋友，可是过了很久他都没有交到，问他，他都不好意思地笑。 找出适合刘飞与同学互动玩耍和学习的方法，一直是我们所关心的。 刘飞读了两学期，在主动与同学互动方面还是很欠缺，这除了他本身条件的限制外，还有环境条件的限制，所以刘飞和同学的互动、玩耍多是一些坐着的、静态的、变化不多的桌上活动或手部活动，很多的器具、场所都没有用到。

在学习知识方面，刘飞在这学期取得了不错的成绩，特别是在数学方面，因为他的理解力不错，所以基本上能够跟上教学进度。 在语文学习方面差距就越来越大，因为小学的教学形式、方法不能照顾到他的特殊需求，所以他的一些能力在上课时不能反映出来，一般我会在他回到中心后进行补救，特别是要读、写的，当然也会放弃一些读、写的要求，如改变作业方式，降低问题的难度，让刘飞在他的能力范围内学习。 比如在学习生字时，我只要求他会认、会理解，不要求他正确书写；读课本时不要求连贯通顺，而是将一句话分成两个字或三个字来念。 另外他的动作训练也是下午回到中心后需加强的重点。

虽然刘飞有行动上的问题，但是在大家的努力下，很顺利地读完了第二学期，并且在数学测验中还考了 92 分。 目前他在小学上第三学期，学习效果不错，准备继续下去。

（五）实验结果

1.成功之处

（1）积极争取获得向阳小学的支持。

（2）与向阳小学老师合作，一起解决学生的困难问题。

（3）取得了其他学生的支持与有效参与。

（4）对刘飞的帮助很大。 与只在中心受教育相比较，融合教育在学习知识上更有利，如语、数的教学时间增多，知识获取比较系统连贯，与普通学生一起互动机会增多。

（5）对班上同学的帮助：

①帮助正常孩子了解、认识特殊孩子，学习接纳、帮助别人。

②提供他们帮助别人的机会，培养他们关爱他人的意识。

③增进了他们的社会技能和对人的容忍度。

2.不足之处

（1）环境受限，不能提供合适的辅具。

（2）所在班级的人数太多。

（3）小学老师对特殊学生在学业上的指导不多。

（4）限制刘飞与同学互动的潜在因素（沟通、动作）改变不大。

（六）结论

我们认为，先送一个学生去小学正常班级的融合教育尝试是可行的，也能对所有的孩子起到好的作用，但是要扩大推广就需要做更多的努力，比如争取政策和行政方面的支持来改善现有的办学条件，这样才能从根本上解决我们在实际运作中所遇到的困难。 另外，普校老师也要学习掌握基本的特教知识，才能在教学中自然地关照到特殊学生的需求。 通过我们的努力，一个孩子进入普通小学可行，那么进入幼儿园或其他一些办学机构也行。

二、折翼天使的飞翔——实施融合教育的点滴体会

周德明

问君是否都有过爬山的体验？ 爬山时，虽然气喘吁吁，但一路走来，却能看到许多别样的风景，令人赏心悦目：有参天的大树，有低矮的灌木丛，有匍匐在地上而生的小草，有枯木上的嫩芽，也有长在悬崖峭壁之间迎风怒放的野花。 它们常常让我们驻足，惊叹生命的坚韧与顽强，品味因差异而形成的美感。

世界上找不出一模一样的两片叶子，同样，世界上也找不出一模一样的两个人。 人生来就有差异，在任何国家、任何地区，都会存在有需要特殊教育的儿童。 他们有的有语言障碍，有的行为异常，有的有智力障碍……在我国，部分有特殊需求的中、重度智障学生，会在特殊的学校里学习生活，还有一些孩子被拒绝在学校大门之外……怎样让这些折翼的天使在现有的条件下受到较好的教育呢？ 这是一个必须面对的问题。 在联合国通过的《世界人权宣言》中，就阐明了每个人都有受教育的权利。 1989 年联合国通过的《儿童权利公约》更进一步明确规定，每个儿童均有权享有与其个人发展及生活有关的高质量教育，因此，不论儿童有何种障碍，只要是人，就应当享有平等受教育的权利，教育部门应当实行零拒绝的原则。

但是，目前面临的问题是，即使学校或幼儿园收了有特殊需求的孩子在校读书，但老师没有特殊教育的理念，不知该怎样教育特殊需求的孩子，只有让他们随班就坐，这对有特殊需求的学生有何意义呢？

美国在特殊教育方面经历了将身心障碍者隔离→1960 年代的反机构化、正常化→1970 年代回归主流及最少限制环境→1980 年代普通教育改革运动→1990 年代的中、重度障碍儿童的融合教育等阶段。 可以看到融合教育经历了四十余年一波又一波的改革运动才发展成为首要的教育政策与实施焦点。它是一种使所有儿童皆能获得均等的教育机会，能在邻近学校接受教育，并

获得适当的支持性服务的教育方式。 从美国的特殊教育发展中，我们又获得什么启示呢？

下面是我在实施融合教育时的点滴体会，期望能与从事特教工作的人分享。

在向阳儿童发展中心，有一个六七岁的小男孩王××，他能听懂并执行日常生活中的简单指令，能自己洗脸、吃饭、穿脱简便衣裤，能指认日常生活图片，在某些情境中能发一些音来与人沟通。 经过几年的教育，他偶尔会去找别的小孩玩追逐游戏，学习常规也比较好。 鉴于以上情况，开个别化教育会议时，老师提出让他到幼儿园去学习半天，与正常小朋友一起玩耍、游戏。 于是，家长在假期中联系了一家离向阳中心较近的工会幼儿园，并与园长、老师商量好让他到幼儿园入读半天，即从下午 3：00 到 5：00。 在实施过程中，我们遇到了"拦路虎"：

第一是幼儿园班级人数较多，有 60 个左右，而王××还没有学会怎样适当地与同学互动，同学也不知怎样与他玩耍，造成他们刚开始在一起时各玩各的。

第二是安全问题，因王××不熟悉幼儿园环境，且小孩子常打闹，所以很容易受伤。

第三是幼儿园老师有顾虑，不知道该怎样教育有特殊需求的学生。

第四是上课纪律方面的问题，因王××喜欢玩水，当外面下雨时他会情不自禁地跑到教室外玩，偶尔也会在上课的教室里走来走去，影响其他同学上课。

第五是人手不够，该班只有两位老师，面对 60 个左右的学生，很难照顾和管理王××。

第六是王××在课堂上的表现需要有人协助，例如老师带着小朋友做"请你跟我这样做"的互动时，他不看也不配合做；写字时，他会乱涂乱画一通后扔掉笔；做游戏时，他在旁边自己玩耍，不参与游戏活动。

怎么办？好不容易争取的机会，就这样放弃吗？经过老师们的集体讨论，我们采取了以下策略：

首先，打消老师在安全和教学上的顾虑，向阳儿童中心以学校的名义与工会幼儿园订了一份协议书。幼儿园老师只需善意地招呼和接纳即可。在教学方面，幼儿园老师只需按照正常的教学进度进行，无须考虑王××，因为王××只是部分融合，他需要的是与同学互动的经验，增强他人际交往的能力。当我与幼儿园老师沟通王××的问题时，也会潜移默化地将特殊教育的一些观念和做法与幼儿园老师分享，帮助幼儿园老师解决实际问题。

其次，提供人员方面的资源，我每天负责在下午3：00到4：00陪读，刚开始我坐在王××旁边，手把手地教他看老师，做动作，教他写字、画画，与同学一起玩玩具，也会适时协助教室里需要帮助的其他幼儿，维护教室纪律。渐渐地，王××的常规好一些，也能听懂简单的一些上课指令。我就离他远一点儿，或坐在教室的一个角落，或者去管别的调皮的孩子，当他需要帮助时才提供协助。

最后，我撤离出教室，在窗口观察他的行为，只有当他在教室里乱跑乱叫，严重扰乱教室纪律，而幼儿园老师又忙不过来时，我才进教室干预。我与幼儿园的老师商量，给王××找好朋友做同桌，帮助他，监督他的行为。下课的时候，老师主动发动同学与王××一起玩，小朋友会顺着王××的兴趣与他玩一些追逐、爬高、溜滑梯游戏，或者几位同学拉着他在操场上走来走去。王××变得喜欢和同学一起玩，没人理他时，他还会主动去追别人。下午4：00到5：00，由王××的父亲陪读，主要的任务也只是在王××需要帮助或者违反纪律的时候才适时提供协助。

解决了问题，幼儿园的老师非常愿意接纳王××，其他同学也很喜欢他，愿意与他一起玩，他也在与同学互动和人际交往方面取得了可喜的进步。但因为王××经常请假，有时好不容易建立的常规会因为连续几天的请假而需重新建立，这也是一个值得考虑的问题。

另一位学生是原来就在幼儿园小班就读的两岁多的小男孩。 他是班上自由的孩子，想做什么就做什么，想去哪里就去哪里。 他没有语言，只能听懂简单的指令，能模仿少数几个他感兴趣的简单的动作，如听到律动"下雨"的音乐时，就做抱头跑的动作。 他从不与别的小朋友一起玩，总是自己玩自己的。 妈妈怀疑他有问题，就带他到医院就诊，医生建议带他到向阳。 经过老师全面的评量并与妈妈商量后，他继续在原班级就读，由特教老师介入、辅导，并与幼儿园老师和家长一起讨论处理他的问题。

首先，由我去观察了刘 ×× 在幼儿园和在家的情况，并与幼儿园彭园长和郑老师沟通。 彭园长和郑老师都是特别有爱心和责任心的老师，他们也知道这孩子与别的孩子不同，但苦于不知道该如何教，只有让他自由活动。 我给刘 ×× 做评量，制订出个别化教育计划，并征询家长和幼儿园老师的意见，拟订了一份计划书，然后按照计划书上的步骤开始工作。 因为孩子生活的环境主要是幼儿园和家庭，所以幼儿园老师和家长对他的教育非常重要。 个别化教育计划和计划书一式三份，幼儿园老师和家长分别有一份，共同关注孩子的成长。

每周星期五上午，我都会到幼儿园观察刘 ×× 在教室里的情况。 刚开始，他不肯坐，总是走来走去，老师试着让他坐下来，并用身体挡住他，勉强几次后，他才有了一些反应。 看到这一点进步后，幼儿园的郑老师也很有信心。 我们一起讨论，让刘 ×× 坐在老师的旁边，该坐的时候听指令坐，该站的时候听指令站，老师也较容易控制他，刘 ×× 渐渐地能坐得住了。 我们又在一起商量，给他发展好朋友。 刘 ×× 喜欢女生，老师就让两位懂事的女生挨着他坐，于是他的常规越来越好，能独立上完一节课。 他早操的时候不能固定在位置上做操，乱跑。 我们画了一个圆圈，让他站在里面，刚开始我协助他做早操，感觉他能勉强站在固定的位置。 后来我们试着让他站在前排，在老师的眼皮底下做操，他刚想跑开时，就会被带操的老师或者另一位助教老师抓住，并将他带到他做操的位置，让他看着老师，模仿老师做操。

渐渐地形成习惯，他也了解到要做完操后才能离开位置，模仿早操动作的能力也越来越好，后来居然能独立模仿做完一整套幼儿体操。　在语言方面，妈妈在上学、放学的路上，看到什么就给他讲这是什么，当他有需求时一定要他用语言或声音表达出来。　老师或妈妈反复地教他说，重视用语言与他沟通，让他知晓语言的用途。　我每周两次到他家中做家庭辅导，教给妈妈具体的做法，当妈妈有困难时，我也与她一起讨论。　我从学校带一些专业书籍，如《如何教宝宝说话》《感官训练》等给家长看。　发现孩子有感觉统合方面的问题，就教妈妈在家中给他做一些感觉方面的刺激，如利用玩豆箱、玩沙，降低他的触觉防御度；与他玩用毯子荡秋千、旋转、举高、放下等孩子喜欢的活动；利用录音机将他发的声音录下来放给他听，他喜欢听的儿歌、早操磁带等也放给他听。　我、郑老师和家长像一个教学团，紧密地联系在一起，关注着他的成长。　我们还利用联系簿的形式将刘××在学校、家里的情况记录下来，遇到问题时，互相将建议写在上面，及时反馈信息，形成了我们联系的一个桥梁。　在生活自理方面，我也将尽量让刘××做自己力所能及的事情，并将这种观念与家长和幼儿园的老师分享。　所以，幼儿园的老师和家长都随时随地有意地让刘××做自己应做的事情，如自己吃饭。　两岁半以后给他穿封裆裤，教他自己脱裤子上厕所，教他自己洗手、洗脸等。　总之，有了这一观念后，刘××的进步很大，生活自理能力有了很大的提升。　看到刘××身上巨大的变化，我们都甚感欣慰和深受鼓舞。

实施融合教育有以下优点：

(1)让特殊幼儿与普通幼儿一起学习、玩耍，通过他们之间的互动，增加特殊幼儿同伴互动的经验，提升其社交能力。

(2)通过让普通幼儿帮助特殊幼儿，普通幼儿能获得成就感，培养同情心，还可带动社区中其他人的关爱行动。

(3)虽然幼儿园老师教特殊幼儿需要勇气，但这样做可真正让老师做到有教无类。

（4）普教老师与特教老师之间亲密合作，讨论分享遇到的问题与心得体会，相互之间配合越来越默契，真正做到了互通有无。

在执行融合教育时，主要面临以下困难：

（1）普教老师不了解特殊儿童，也不知道该怎样教他们，往往采取拒绝的态度。

（2）普通幼儿的家长不了解有特殊需求的儿童，他们有的不愿意自己的孩子与特殊儿童在一起，并给学校施加压力。

（3）在课程实施方面，无法要求幼儿园老师设计的活动要照顾特殊幼儿的需求。

（4）普教老师的特教知识严重缺乏，只能凭自己的经验教特殊幼儿。

（5）特殊需要儿童有的在班级里的适应能力较差，有时会干扰教学。

（6）特殊需求儿童的家长不知道该怎样配合学校的老师进行教学。

……

融合教育是特殊教育发展的一种趋势，虽然面临上述困难，但远景还是美好的。 怎样克服和解决以上困难呢？ 目前可以从以下几方面入手：

（1）特教老师要通过学校主动与普教的老师配合，协助普教老师设计教案与教学，并提供咨询与评估的服务，让越来越多的有特殊需求的孩子能够融合到普通班级内学习。

（2）特教老师要协助普教老师、家长与教育行政人员进行良好的沟通协调。

（3）在普教教师方面，通过各种渠道（在职培训和看专业书籍），增进对特殊需求儿童的正确认识与接纳，获得辅导特殊需求儿童的知识与技巧。

（4）在学生的教育安置方面，为进行融合教育的儿童制订个别化的教育计划与协议书，并执行。

（5）在课程与教学方面，特教老师与普教老师一起开发具弹性调整功能的课程模式。

（6）应用有效的教学技巧对特殊需求儿童和普通儿童进行教育。

（7）在亲职教育方面，可以举办家长会式的亲职座谈，让普通学生的家长与特殊学生的家长进行良好沟通，并对特殊孩子有正确的认识和接纳。

（8）特殊学生的家长经常要与老师沟通、交流，解决孩子在学习、常规的建立、社交等方面的问题。

（9）家长可以适时参与教学，协助教师管理班级，帮助学生成长与发展。

（10）在行政方面，尽量用行动去影响行政人员，让他们能提供行政支持，如经费支持、在职培训的支持、对融合教育的支持……

虽然这是一个比较艰巨的工程，但让折翼天使能够在同伴之中快乐地学习与生活，是老师、家长的共同期望。有了这一期望，我们就可以携手战胜困难，使融合教育得以顺利实施。

表6-1　　　　　刘××2003年上学期个别化教育目标

领域	目标	教学情景	教学时间	达成情况	备注
生活自理	洗脸时会模仿把手伸进脸盆里再以手摸脸；会独立进厕所大小便；上过厕所后，会冲一下，会洗手；会脱下没有扣上扣子的外套；会拉上已对上拉链头的拉链；会用手势或声音表示上厕所；会在大人的协助下刷牙；会用肥皂洗手；会用毛巾洗脸；会穿套头衫；吃饭时会自己拿碗；吃饭时会听令拿汤匙或筷子；口渴时会听令拿杯子；洗澡时会听令拿衣服、裤子、肥皂。	在生活情景中训练			
动作	会与同伴或家人玩滚球的游戏；会模仿拍手、拍腿、拍肚子的动作；会模仿、听令指眼睛、鼻子；会模仿、听令指耳朵、嘴巴；会听令走、跑、停；会玩插棒玩具；会将积木搭高；会模仿画圆圈；会穿串珠；会与同伴一起玩玩具；模仿对折纸；会搓黏土成条状、圆形，会切割；会玩各种体能设施；会玩感觉统合器材（如荡秋千、玩球池、爬网）；会与大人玩手撑地走路的游戏；能与大人玩用被子荡秋千的游戏；能与大人玩举高的游戏；能与大人玩倒提的游戏；能与大人玩翻筋斗的游戏；能每天做仰卧起坐20个；天热时，每周玩沙三次。	与同伴一起玩 学校 家中			

续表

领域	目标	教学情景	教学时间	达成情况	备注
社会行为	会与同伴、家人玩躲猫猫游戏；模仿挥手再见；举高手臂模仿大人做好大的动作；会模仿另一小孩玩的动作；听到叫自己的名字会转头看一下；能按要求与别人分享食物和玩具；会在提醒下与同伴或熟人打招呼；能帮忙大人做一些力所能及的事情；给予选择的机会时，会做选择。				
语言	大人模仿他的发音时，他会连续发音；能听从有手势配合的简单动作指示；听到"不可以"时，马上停止动作；当要他喜欢的物品时，会用声音表示；能遵从三个无动作的简单指令（如拍手、拍腿、洗脸）；能听令指出自己的三个身体部位。				
认知	听到自己名字时，会拍自己；能将实物与图片配对分类；能按名称指出图片；能拼好图形板；能将不同形状的物品配对分类；能将不同质料的物品配对分类；能依序放硬币三排；能夹许多方巾于晒衣架上；能依序盖章三排；会拼图三到五片。				

表 6-2　　　　　　特殊幼儿与普通幼儿融合教育计划书

参与单位：向阳儿童发展中心、某幼儿园

参加成员：特教老师、某幼儿园老师、学生家长

一、计划缘起

在学校里有少部分特殊学生，他们注意力不集中、语言发展迟缓、行为习惯异常，智力比较落后。为了让这部分孩子能更好地适应学校生活，也为了特殊学生有与同伴沟通、玩耍的机会，向阳的特教老师与普通幼儿园的老师共同拟订以下计划，期望能给特殊学生的融合教育提供有价值的参考。

二、计划目的

（1）提供特殊学生与同伴互相沟通、玩耍的机会，促进特殊学生语言、社会交往能力的发展。

（2）借由一般孩子对特殊孩子从接纳到了解，并与之一起玩耍的过程，带动爱和关心在社区中流动起来。

（3）通过老师之间的交流，真正做到有教无类。

三、计划内容

（1）支持性资源服务：提供（特殊学生在幼儿园）依学生程度给予适当支持之资源服务。

（2）间歇性资源服务：特教老师定期（每周一次）观察特殊学生在班上的情况，了解学生状况，与幼儿园老师一起讨论、解决问题。

（3）特教技术及经验转移，即将特教技术及经验转移给家长，使家长配合校方教学。

四、服务构想

（一）事项

1.学生目前能力评估

语言方面：会无意识地发"爸爸、妈妈"的音；高兴时会连续说一些别人听不懂的话；玩车子时，偶会说"车车"；要喜欢的物品时，会拉大人去拿。

认知方面：当老师当着他的面把物品藏起来时，他会寻找，但不会持续找；最喜欢车，会在桌上把车滑来滑去；固定一种玩法，即将积木拼成长条；会将物品配对分类，会按颜色配对分类，能拿自己的奶瓶和睡觉用的被子。

社交方面：对妈妈有很强的依恋，会拉大人去拿他想要的东西（吃的、车子）；偶尔与某一位同学追着玩，其余时间都一个人玩；特别喜欢音乐。

生活自理：会自己用汤匙吃饭，但吃得到处都是；拿着毛巾时会用来擦嘴巴，其余的时候不会。

2.学生的家庭状况

该生与父母一起居住在两室一厅的房子里。吃饭时自己坐着用汤匙吃；会独立上厕所大便，大便后不会擦屁股，小便时会蹲下在地板上随地小便；大人不介入他的活动他就一个人玩耍；睡觉时一定要和妈妈睡；会一个人着迷地玩各种车；要他喜欢的食物和车时，会以哭、叫的方式或拉人去拿的方式达到目的。

3.学生的障碍情况对其在普通班上课的影响

做早操时，他不参与做早操，而是围着早操的队伍一圈一圈地走，偶尔会看一下，但不影响别人，也不跟着模仿做动作。

参与班级活动时，在班上全是上的音乐、律动课。板凳都靠墙，同学们都靠着墙坐，中间空出来，同学们都可以自由地站起来走动，所以他经常在教室里走来走去，不听从指令，不会跟着老师的音乐而做相应的事情(老师利用音乐声指挥学生坐好、起立、休息等),不会模仿动作。

偶尔他会不经意地去拍一下同学,同学会哭叫而影响教学,小班只有一个老师,有时照顾不过来。

4.学生因行为问题影响学习者其处理方式

针对其在班级里的走动,不听指令,也不会听音乐声的情况,老师可以发出简单的、重复的指令要求其遵守,当他坐好时将之固定在老师旁边,老师挡着他,再让同学示范。要他起立互动时,用手势或语言告诉他要做的事情,让他清楚地明白什么时候该坐好,什么时候可以起来走动,实在不行,则由一位助教老师或家长定期到教室教他学习常规。

针对他做早操时乱跑、不模仿做动作的情况,老师或大班的同学可以偶尔拉他进队伍,带着他做一些简单的早操动作或者先在他喜欢的、固定的一段早操时间让他参与,渐渐地延长做早操的时间。

针对他不知怎样与同学互动的情况,可以随时提醒他用正确的方式与同学玩耍。如轻轻地拉手、轻轻地拍同学、不抢同学的玩具;可以渐渐在协助下与同学玩一些简单的游戏,如追逐游戏。

5.家长亲职教育

家长负责记录孩子的成长情况,并将孩子的状况与老师分享。

向阳的老师负责写出该生的家庭训练计划,教家长教孩子的方法,要求家长执行,并记录下孩子的学习情况。

家长可以于放学后和节假日带孩子到向阳来玩和交流。

6.老师、家长的沟通、交流

家长、幼儿园老师、特教老师每个月交流一次,讨论其学习近况、教育计划的实施执行情况,依据讨论结果做出新的调整计划。当学生出现问题时,随时联系,讨论解决。

7.其他

如果计划因故不能实施,则停止。

(二)计划进程

(1)写出家庭训练计划。(4月10日以前)

(2)与家长一起讨论计划。(4月11日)

(3)协助幼儿园老师管理常规,并与老师交流。(每周星期五上午)

（4）与家长交流学生的学习情况。（每周星期五早上/家长带孩子到学校玩耍的时间/电话联系/至少每周两次到家服务）

（5）家长、幼儿园老师、向阳老师交流的时间。（每个月一次）

（6）家长带孩子到向阳玩耍。（每周至少一次）

三、你们是幸福的，我们就是快乐的——记向阳中心与向阳小学的中队活动

胡菡

在向阳儿童发展中心上学的孩子，除了每人有一份属于他们的个别化教育计划外，还有一些计划以外的活动，这就是向阳师生与向阳小学师生一起举办的活动，这些活动帮助我们的学生走出特殊学校，自然地与正常的同龄孩子一起互动、学习，彼此帮助，共同朝着健康向上的方向发展，一起品尝融合教育的甘甜。

这不是什么独特的创举，而是自然地发生，因为正常儿童与特殊儿童原本就生活在同一个社区，他们应共享社会文明。　所不同的是他们各具差异，要让这些各具特色的孩子，和谐地适应社区环境，教育就要展现它的功能。

为此，向阳中心与向阳小学牵手，为我们有特殊需求儿童的学习生活创造了很多自然融合的机会，活动形式也是从开始的老师安排、同学参与，慢慢变成经常的、主动的、由同学自己组织的、定时例行的活动，这包涵着双方师生你来我往的互动。

每周一的清晨，当国歌响起，五星红旗冉冉升起的时候，在向阳小学操场上，在向阳小学升旗队伍的后面，有一批站得不太好，需要老师在旁边协助的小朋友，他们就是向阳中心的学生，他们与正常小学的孩子一起站在同一片蓝天下，沐浴着清新的空气和温暖的阳光，一起参与升旗活动，一起聆听国旗下的讲话。　这不是偶尔发生的事情，这是七年来自然地融入，虽然还存在一些问题，但我们已经看到可喜的变化。

刚开始去参加升旗仪式时，双方学生都有不自然、不习惯的问题，向阳中心的学生大多数出现的是行为问题，向阳小学的学生会投来不理解、奇怪、鄙视的目光，有时还有挑衅的动作和怪骂声。 老师们耐心处理这些问题，不但教会同学们怎样去善待弱者，还教会他们怎样去关爱和帮助同伴。学校在"国旗下的讲话"中专门向同学们宣传怎样对待有困难的同学。 渐渐地，不解、奇怪、鄙视的目光不见了，投来的是善意的微笑、点头、夸奖。

向阳中心的小朋友们也有很多的变化，以前为了不干扰向阳小学的同学，我们的队伍离他们很远。 现在我们的队伍就排在他们的后面，同学们不但能适应，还会模仿着举手、敬礼、唱国歌，脸上露出的表情也慢慢与向阳小学的同学们一样，如果不特别说明，你会认为他们也是向阳小学的学生，这是最自然的融合。 因为参与升旗活动，向阳中心的同学们增添了自信，感受了不同的学习内容，看到了、接触到了更多的同龄伙伴，体会到了正常学校的快乐氛围。 而向阳小学的学生也因为我们的加入，了解、认识到在他们周围有一群和他们一样，但需要更多关心、帮助的同学。

中队活动是我们与向阳小学的主要活动，七年中有五个中队先后与我们进行手拉手活动，两校师生一起从开始的小心尝试（如先让部分同学参加，或他们准备好节目过来表演给中心的同学看），发展到后来放手让两边的同学一对一地牵手共同参加各种活动。 可以从以下三个视角来记录我们的活动：

1.在向阳中心的活动

向阳中心是牵手活动开展最多的地方，牵手活动现在已经变成每个中队与我们开展的例行活动。 每周固定有一天下午 2：00—3：00，20 个向阳小学的同学会到中心来参与我们的学习活动，这时向阳中心的老师会引导同学们恰当地交流、互动，一般我们会让小学的同学分组加入到我们的学习活动中去。

刚开始我们会用 10 分钟的时间来给参加活动的小朋友进行说明，教他们怎样去参与活动，因为每次来的同学不同，所以一学期下来，一个班级中每个人都有 2~3 次参与我们活动的机会。 这些同学是很自然地加入到向阳同学的学习活动中的，他们是中心学生模仿学习的好榜样，在活动中他们起带头作用，如带着我们的同学一起唱歌、跳舞、表演、玩游戏、变魔术等，活跃了课堂气氛，有时同学们还会主动地教中心的同学他们在学校所学的内容，如教小学生的广播体操……从向阳的活动照片和录像中就可以看到一个个耐人回味的镜头。

还记得向阳小学的同学带着我们的同学一起读课本的情景，同学们那专心投入的样子和夸张的表情，让你感觉这一班的学生真的很可爱。

还记得向阳小学的师生与我们一起美化巷道，在巷道的瓷砖上画春、夏、秋、冬的图案，在轮廓出来之后，小学的同学手把手地带着中心的同学为壁画着色的情景，让人感到这是一幅最普通、最自然、最生态的美丽画面。

2.在向阳小学的活动

这是慢慢进入但现在是经常进行的活动。 每学期，向阳小学的师生都会有很多的活动，如儿童节、国庆节、运动会、主题队会活动、实践活动……这些活动开展时，与我们牵手的中队都会主动邀我们参加，并为我们安排场地。

刚开始多是请我们去观看，那时我们的孩子只要能有过去的机会就很高兴，现在我们不但经常过去观看，还常常一起参与到他们的活动中去，如一起玩游戏、唱歌、表演，或是制作手工、一起玩牌、下棋……

向阳小学的校领导也非常支持我们的活动，允许我们使用他们的操场，所以我们的学生也常常在他们的操场上活动。

记得我们的"向阳运动会"就是借用他们的操场进行的，他们学校有两个中队 40 个学生一起参与我们的活动，为我们的队伍扩大声势。 同学们高举牌子，在"运动员进行曲"中绕场一周的情景，给前来参加活动的学校领导、教委领导、残联领导、学生、社区居民都留下了深刻的印象，很多人在称赞我们孩子的同时也在称赞向阳小学的同学。

3.参与社区活动方面

初期向阳小学每周都会有同学带着我们的学生，和老师一起上街购物，或去新华书店买书，或者去公园玩耍，后来慢慢地可以和我们的同学一起外出郊游，有时还组织参与到一些有益的社区宣传工作中，如清明时节，中队的同学邀请我们的同学一起去为烈士扫墓；为了美化巷道，我们要举办画展，中队的同学就带着我们的同学一起给邻居发宣传单，邀请他们参加；为了减少噪声，让汽车、三轮车、摩托车不在街道上鸣喇叭，向阳小学的同学也和我们的同学一起到街上去发传单，那给司机举手、行队礼，然后递传单。 这些情景我还历历在目，难怪我们的学生在举手行礼时有模有样，这就是榜样学习的结果。

带着我们的学生进入普通环境学习生活的活动很多，但与向阳小学的互动学习是经常而持续的，可以通过这种循序渐进参与活动的方式让学生得到永续发展。 目前我们有一位同学融合到向阳小学的班级学习，这些活动的开展让我们认识到这不仅有利于特殊儿童的学习生活，我们的加入同时为普通小学提供了一个难得的机会，那就是培养他们的品格。

四、美化巷道我的家——记向阳中心的社区活动

胡菡

1.向阳中心社区生活的背景

向阳中心地处江津城区，位于向阳小学开发建设的综合大楼，因为是商品房，居住人员复杂，加上大家的生活习惯和生活方式不一样，思想意识也有差异，社区中的管理工作不能落实到位，所以生活环境出现了很多的问题，如大楼中巷道内充满噪声、垃圾，厨余随处可见，下水道破裂、堵塞，粪便冒出地面也无人处理，生活在一起的居民们，大家彼此陌生，很少往来……

2.社区改变计划的形成

怎样来改善我们所居住的社区环境，建立融洽自然的睦邻关系？ 怎样将环保的意识、生态的观念融入每个社区居民的心中，形成一个安逸舒适的、文明健康的环境？ 这一直是我们向阳师生尝试探索和思考的问题。

终于在新世纪伊始，我们向社区居民发出"美丽巷道我的家"的巷道美化工程计划倡议，希望通过社区居民的参与，治理巷道中的脏、乱、差问题，然后设计建造一个具有江津特色的、符合大家心愿的美丽巷道。

我们将建设巷道作为我们的教学内容，根据进度将它有序、延续地排进我们的生态导向的主题中，希望我们的生态化教学活动真正从改善我们的环境开始，自然地融入到我们的生活学习中，建设社区，带动、影响社区居民，让他们与我们一起共建。

3.巷道美化活动的开展

（1）发动与参与。

举办"巷道春茶会"，我们带着学生邀请巷道居民和学生家长一起讨论商量。 一共举办过三次茶话会，请来了文化馆长、教委领导等来座谈，征求各自对社区环境的意见和建议，采用聊天、问卷调查、票选等方法征求意见，最后决定首先治理巷道中的脏乱差问题，然后疏通改造下水道，最后美化地面、墙面等。 向阳老师依据大家的意见写出建设巷道计划进度，张贴在楼下，希望邻居们根据自己的时间，安排参加巷道的建设活动。

向阳中心的学生家长也积极参与，有的帮忙设计，有的帮忙作预算，如地面改造铺砖要多少水泥、沙，粉刷墙面要多少材料等。 在这些计划活动中，学生一起动手，如制作邀请卡，邀请美术专业人士来支持我们的工作。活动帮助我们的学生学习与人建立友好关系，学习主动打招呼、说礼貌用语等；参与巷道改造的预算工作，如拉皮尺、记数字、使用计算器算面积、到街上的铺面去找材料、问单价等，使我们的学生增加了相关的知识，又认识、了解了社区和它的使用功能。

（2）筹集资金。

主要资金由向阳中心负责，我们通过举办"游园会"筹集了一些。 比如，去找学生家长及他们的亲朋好友，找社区居民，找有关单位来参加我们的活动。 学生们在活动中将平时单元学习中学到的技能充分表现出来。 记得在第一次的游园会上，同学们推出很多摊位，如"好吃摊""义卖摊""咖啡厅""游戏区""影视欣赏"……将平时所学的生活技能如招呼客人、冲泡咖啡、洗碗、盖章、画圈、数点票等发挥出来，让更多的人认识我们，支持关心我们，给我们提供更多的机会。 通过活动我们筹到了近一千元钱。

另外，我们也带着学生去发传单，向邻居们募捐，希望社区居民人人支持。 有一位拉板车的居民说："我生意不好，暂时只出两元钱，但是如果有需要出力的时候我一定尽力，因为中心师生牵头做的是我们大家的事，我们都应尽力才对。"

（3）改造和美化工作。

巷道中垃圾暴露和下水道堵塞是最大的问题，根源一方面是修建时的排污处理没做好，另一方面是大家的习惯问题，改变的办法是在巷道中三个垃圾通道口处修建一个平台，并做上门关起来。 为了方便丢垃圾，我们还在巷道中放了好几个大的垃圾桶。 我们找到以前的修建商，了解排污处理情况，请人在假期中彻底修换、清掏下水道和化粪池，解决了长期堵塞的问题。 在改造的过程中，居民们比较关心修建工作，常常主动聚在一起观看工作情况，有时还动手帮忙或出主意等。

修整问题搞好之后，就开始美化。 首先是美化地面，我们争取到了城市改造后留下的地砖，铺在我们的巷道中。 大家一起动手将地砖洗净，使我们的巷道焕然一新。 我们的教学活动也紧紧跟上，大家一起想办法，一边为改造建设创造条件，一边积极向邻居宣传、发传单、贴标语、举办巷道画展等，提醒大家保持清洁人人有责，美化巷道需一起努力。

巷道中墙壁的美化是大家参与度最高的活动，进行的时间也最久，一直到现在大家都还在努力。 我们先在巷道的外围墙下建了一个花坛，计划在花坛中种植爬藤类植物来美化外围墙壁，楼梯下面的墙壁贴 1.2 米高的瓷砖，涂仿瓷涂料，都是分阶段进行的。 以前我们师生自己用白水泥涂，但效果不好，不久就脏了，现在改用贴砖和仿瓷就美观多了，不过比较花钱，我们都是根据能力一点一点进行的。

13 米长的花坛建好后，需要很多的泥土，这时我们来了一个"巷道秋色"单元教学。 学生、家长、社区居民一起动手，去城外运土，用板车装运，大家背的背、提的提、推的推、拉的拉，整整忙了两周，才将花坛建好。 之后大家又从自己的家中带来花草种在花坛中，有的邻居还特意去买花来栽在里面。 那时正好是秋季，我们种上了秋天的花草，所以大家高兴地戏称："秋天来到了我们的巷道。"

和我们一起建造巷道的居民越来越多，影响也越来越大，在"巷道壁画"这个单元中，我们又在向阳的楼梯间走道内设计制作了一幅春、夏、秋、冬四季图，这幅图的设计是社区居民中的学生和向阳的师生，制作则是一墙之隔的向阳小学美术老师和他们学校的美术爱好者。 他们在业余时间过来带着我们的学生一起，大致的轮廓由他们勾画，我们的学生主要负责着色。 在作品完成之后，向阳中心的学生拉着家长指着画告诉他们那里是他画的，得意之色流露于形，人与画显得一样的美。

4.巷道美化工作带来的思考

从 2000 年开始的巷道美化工作进行近三年了，这其中我们依着我们的信念，带着我们的学生经历了一个又一个的生活主题学习，做了一些实际的工作，使社区的居民对我们越来越了解，与邻里乡亲的关系也有一些改变，彼此见面会友好地打招呼，有时会共同关心花坛里面的花草，巷道中随手乱扔、乱倒垃圾的问题大有改善。

在治理工作中我们也遇到一些困难，尽管我们在活动开始时就发动邻居，开展各种活动，公布设想、作出计划、争取认同、争取参与，但是在具体操作时还是会遇到困难，比如对巷道建设的想法不一致，认识上也有差异，在配合上也存在主动支持度差的问题，还要做很多的努力。

5.今后建设的方向

今后我们会继续美化建设工作，将生态的观点融入其中，如进行污水处理，实行垃圾分类与减少自然能源的利用，利用厨余制作堆肥，将盆栽供应社区，让社区居民体会、感受到美化建设工作的好处。加强社区宣传，让更多的人了解、关心、支持我们的工作。

巷道建设是一个社会文化的营造工作，是向阳生态导向课程努力的方向。我们相信，任何微薄的力量终必能促成理想的实现，愿以此和热心的同行分享，大家携手共创一片值得来生再走一回的生活环境！

表 6-3 　　　　　　"美丽巷道我的家"巷道美化工程计划书

提案单位:江津市向阳儿童发展中心
提案人:法人代表吴清秀及全体师生　联系人:向阳中心胡蔼、程庆、周勇、李宝珍
地址:江津市向阳街、三通街交叉口　电话:略　提案日期:2001 年元旦
一、计划缘起
江津是一个美丽的地方,依山傍水,居民勤劳,但快速的都市化发展,使许多居民快速地聚居,大家尚未学会如何过公寓式的公共生活就生活在一起,使得江津的许多公寓大楼、巷道充满噪声、垃圾、厨余、粪尿而无人关心。长此以往,江津将只有表面的繁荣。城市的繁华应从人民本身的自觉做起,而居民的自觉只有靠对自家孩子的要求做起,而孩子会对居家环境的美化有要求,只能靠学校师长的指导。有鉴于此,特邀请贵校领导及老师参与我们的"美化巷道我的家"活动,希望贵校能发挥爱乡爱民的精神,影响自己的学生,为自己生活的巷道环境做出努力,由点而面,由小而大,使江津的每个巷道都成为江津的后花园,成为可以安养众生的健康社区,而非只有少数高级小区才能享有美丽生活！届时,江津的巷道文明将可为其他地区的学习模范!
向阳立足江津已五年,得到江津各届的关怀支持,自觉对江津的感情深厚,即使是智障儿童亦应为家乡之美贡献一己之力,因此提出此计划,希望能得到各届领导、有识之士的支持、参与、指教,以便顺利展开工作,先由本中心所在之巷道做起,累积经验以便提供给其他巷道参考。过程中本中心学生也能习得不少技能。
二、计划目的
1.美化向阳所在的巷道(向阳小学综合楼一、二、三单元之入口),使其成为具有江津特

色,又符合居民生活所需之家园。

2.培养向阳学生及巷道居民爱护巷道环境。

3.帮助向阳学生学习打扫、粉刷、绘设计图等技能。

三、计划内容

1.巷道内与向阳小学相隔之围墙美化,各面墙之美化。

2.巷道内地面美化。

3.巷道内垃圾场之美化。

4.巷道内楼梯间之美化。

5.巷道内"天空"之美化。

6.其他可美化之构想。

四、美化的原则

1.巷道要能符合大多数居民之想法。

2.巷道要能唤起居民对家乡的感情。

3.巷道要能展现江津本土的特色风貌。

4.美化过程要居民动手参与。

5.向阳学生要有参与、表现、操作、学习的机会。

五、计划的主要工作及时间进展

1.探索江津的本土特色及居民对江津的感情。(2001-01-03)

2.征询居民及相关人士之意见。(2001-01-03)

3.邀请相关领导、单位之指导、合作。(2001-01-03)

4.设计巷道美化施工图。(2001-04)

5.筹募巷道美化材料费。(游园会及平日)

6.制订施工进度及分工表。(2001-05)

7.着手美化巷道。(2001-05)

8.完工庆祝会。(2001年儿童节)

9.定期维护。

六、工作说明

1.探索江津特色:江津为什么会成为每个居民心中怀念的家乡?居民心目中的江津家园是什么样的?对此向阳师生需进行江津采风、历史研究及人物采访。例如过年时访问外地打工回乡的乡亲,他们在外地时最想念江津的什么。

2.邀请合作单位：凡在本栋楼就学的儿童，需和其就读学校联系，希望学校发挥环境教育功能，配合本计划的开展，设法教导学生爱护环境，鼓励学生及家长参加本活动，使本活动能得到全体居民之关心、支持、参与。这样才能因参与而产生共同爱家的感情，以后能共同维护巷道环境的整洁，甚至成为其他巷道之模范。本栋楼居民子女就读学校包括：向阳小学、菜市街小学、八一小学及实验中学。

3.巷道美化的设计图：由居民全体提供意见，邀请环境工程或景观工程设计专家义务设计（最好是江津人或江津当地学校培养的人），居民评选。

4.筹募经费：2000 年 12 月 31 日，向阳举行"美丽巷道园游会"，义卖所得人民币 1 450 元，全数作为美化巷道之用，平时亦可接受居民、热心人士的捐款，并于完工庆祝会上公开收支情况。

5.关于美化工程：在专家指导下，集合向阳师生、本巷道居民共同进行粉刷、铺设、搭架等美化工作。

七、经费预算

居民意见调查、茶水、小礼品费用（本中心支出）、专家设计费（希望能免费）、交通费（视情况）、材料费（视情况、最好可废物利用）、施工用品费（视情况、最好可借用）、其他支出

八、计划人员

主持人：吴清秀、胡德培；协同主持人：胡菡、周勇、程庆、李宝珍；助理主持人：金容、龚利、戴玉敏、周明、黄婷婷

指导、顾问：江津市教委、江津市残联、张爷庙居委会、向阳小学校长、菜市街小学校长、八一小学校长、重庆师范学院儿童智能发展研究中心张文京教授

表 6-4　　一、二组生活主题表（配合美化巷道计划的主题活动）

2001 年 2—6 月

时间	生活主题	学习目标
2 月 5 日— 3 月 3 日	巷道春茶会	1.能有结交朋友，不使自己脱离团体的能力。 2.能在买卖活动中有适当与人礼貌互动的行为。 3.能在休闲活动中礼貌与人互动。

续表

时间	生活主题	学习目标
3月5日—3月16日	美容美发（当花童）	1.能注意保持自己衣服的整洁。 2.能在稍微的协助下穿着打扮。 3.能提高生活自理的速度。
3月19日—3月30日	个人专辑	1.能有收集个人专辑的休闲兴趣。 2.能找到自己感兴趣的某种物品收集，作为休闲方式（整理好、经常携带）。 3.能有个人丰富的休闲方式（化妆箱、百宝箱）。
4月	我爱江津	1.在社区中活动能注意爱护公共设施。 2.会在社区中的餐厅就餐。 3.会在提示下到社区购物满足需求（在江津本地不会迷路）。
5月	巷道壁画	1.能有完成工作的工作常规。 2.能有适当的工作态度完成工作。 3.完成楼下大壁画。
6月	巷道会餐	1.餐前餐后主动做准备收拾工作。 2.会帮忙做家中体力活、农活、清洁等家事。 3.在家养成做家事的劳动的习惯。

表6-5　　　　　　　　　　一、二组生活主题表

2001年9月—2002年1月

时间	生活主题	学习目标
9月3日—9月14日	我的班级	1.确定并担任班级干部。 2.管理班级事务。
9月18日—9月28日	工作与储蓄	1.了解工作的意义并努力工作,如清洁劳动、废旧回收。 2.会记录并计划处理自己的工资。
10月4日—10月12日	小巷秋色	1.规划秋游活动。 2.保管自己的物品。
10月15日—10月26日	工作安全与义务劳动	1.在工作中会注意安全,避免受伤。 2.能参与公共的义务劳动活动。

续表

时间	生活主题	学习目标
10 月 29 日—11 月 23 日	巷道工程	1.能用适当的工作态度完成工作。 2.完成巷道的美化工程。
11 月 26 日—12 月 7 日	巷道展示会	会规划并进行展示活动。
12 月 10 日—12 月 31 日	巷道园游会	1.会依手续购物。 2.会礼貌与人沟通（如售货）。
1 月 1 日—1 月 17 日	巷道 PARTY	1.能与家长计划并运行巷道聚餐活动。 2.有礼貌地待客。

/成长篇/

第七章　慢慢地陪着你走

梁英

又是一个新的学期开始了，思思长大了，升入了向阳大班。 大班的课程调整为以生态为导向的课程，对习惯了结构化课程的思思来说，这套既注重过程，又注重结果，强调人与周边生态环境产生互动作用的课程，无疑将是一场考验。 学校的老师也将面临一个新的问题，即自闭症的小朋友如何适应这种生态化的、较开放的教学方式，而我也因工作的需要要到重庆爱心儿童玩具图书馆工作了。 思思，思思的老师，思思的妈妈——我，将如何接受这场考验呢？

××××年××月××日　周日

"妈妈回"，思思讲完这特定的问候语后，像往常一样等我去拉她的手，我却有些诧异，这次，她的手是空的——那根熟悉的编织带没有例行出现在她手里。 问阿姨，阿姨说："上茶叙课时，妹妹把茶杯扔了，老师把她喜欢的编织带扣下赔茶杯了。"原来，习惯了先做什么、再做什么、最后做什么，而且都有明显的活动开始、结束标志的上课方式，转到这种结构性不太强，在一个话题下随着小朋友的兴趣随时转移话题，跟生活更贴近的上课方式，她还不太适应。 她不太知道自己该做什么，也不知怎么去接别人的话，更不知什么时候该自己说话，于是乎只好把手中的茶杯扔掉，引起老师的注意，表达心中的不安。 当时我没说什么，一如往常地跟她一起吃饭、玩、唱她固定要听的歌，只是在这些过程中，偶尔会问她："你的管子呢？"她会茫然，然后喃喃自语："水管子"——她把编织带叫作水管子。 然后我告诉她："你上课把茶杯摔坏了，管子赔给老师了。"她还是一脸茫然。 在茫然里，我和她休息了。

　　××××年××月××日　周一

　　早上起床，想起昨晚的事，我再次提醒思思："水管子呢？"她四处寻找不着，又一脸茫然，我问她："想不想要水管子？"她说："想要。"我说："那拿一个茶杯去换"——赔的意思她不懂，但在结构式活动中，教会了她什么叫"换"。她机械回答："好！敬礼，请换。"

　　到了学校，我下指令："拿杯子，给老师！"她已习惯听令服从，于是很配合地从书包里拿出了杯子。老师心领神会，马上把上周扣的管子拿出来，说："哦，思思上课摔杯子，管子被老师收了，现在用杯子来换，好！换给你。"交出杯子，换回自己喜爱的管子，思思一脸灿烂和满足！

　　又到了周一茶叙课的时间，思思的旁边坐了一个老师，桌上的点心也换成思思喜欢吃的花生。其他同学聊着天，思思专心学习剥花生，盘里的花生越来越少了，她的同学已学会做客人时要有礼貌，不能把盘子里的东西吃完，所以叫她不要吃了。她已习惯容器里没有东西叫完，碗里的饭要吃完，不太明白为什么要留一些在盘子里，眼见快到嘴的花生要飞，孰不可忍，于是她再次发飙，准备摔杯子，这次老师早有防备，眼急手快，拉着她的手把杯子轻轻地放在桌上……然后说："客人要跟主人说再见了。"教她跟当主人的同学说完再见，带她到下一个活动场地，一个茶杯幸免于难。

　　下午开教学研讨会时，思思的老师和我提出，是否让思思在这节课回到结构式教学活动中去，这样可能会学到更多的东西。李老师反问："可否不要先否定这样的做法，是否有策略让思思慢慢融入这类课程里？"老师们七嘴八舌地讨论开了（向阳惯例：不管哪位老师、哪位小朋友在教学上有问题时都会在会上提出，大家献计献策）……思思继续留在茶叙课里，而我却为那些茶杯担忧。

××××年××月××日　周日

晚上回到家中，除了那声固定的"妈妈回"，还是不见手中的管子，又一个茶杯"遇难"！

书包里赫然多了一个杯子，看联络本，我明白了老师的良苦用心。 爸爸来看她，没有了管子的她想用爸爸的皮带替之，我们再次重申"杯子事件"，她似懂非懂悻悻然，却也不敢再找爸爸要皮带了。

××××年××月××日　周一

到车站去送爸爸，猛见她两眼发亮，直扑售票口去，买完票，让她走她还一步三回头。

不明白思思为何有此举动。

寒来暑往

××××年××月××日　周日

开门，"妈妈回"，手中出现了熟悉的管子。 细数下，学校已有近十个茶杯"遇难"。 看联络本，思思在茶叙课可以机械地背诵阿姨帮忙写的"周六周日生活大事"。 还能帮当选班干部的同学数票，别人讲话时，也能看着茶杯在眼前而静静地坐着，偶尔会很淑女地端起喝一口，盘里的花生也能留一点了。

××××年××月××日　周一

再次送爸爸去车站，她又直奔售票口，嘴里叨叨念道："向阳广播站，现在开始播报今天中午吃的菜……"我和她爸爸不禁莞尔。 原来，这学期，她参加了广播组的社团活动，担纲学校的播音员，每日去各班收集点歌单和菜谱，然后为大家播报，忙得不亦乐乎，在没有明显开始和结束信号的活动中，慢慢地她自己整理出了整个活动的规律，很自然地从一个班走到另一个班，做完她该做的事，然后回到自己的岗位……售票窗口的播音话筒跟学校里的有点像，情不自禁，想又过一把主播瘾！

××××年××月××日　周三

放假了，思思来到我工作的地方，晚上带她去朝天门的江边玩，江边并没有鹅卵石，但她却一直念叨着："鹅卵石，鹅卵石，鹅卵石。"好奇怪！

××××年××月××日　周四

太阳下山了，一天的工作结束了，思思又开始反复念叨着："鹅卵石，鹅卵石，鹅卵石。"刚好她的老师过来支持工作，于是，我猜测上期活动中为了美化社区巷道，大班的同学去了很多次江边捡鹅卵石。 是不是她还想去江边，于是问她："是不是想去江边看船。"她果然回答："是。"（这个时候，她已分得清什么是"是"，什么是"否"。）于是再次带她去了朝天门的江边，她玩得很开心，我们惊异于她奇妙的联想。 等到回来时，发现不知何时，她已把编织带由"管子"改名叫"鹅卵石"！

××××年××月××日　周日

翻看联络本，老师说："这周带思思去了美容院，尚能适应。"看了老师的记叙，有点诧异于思思在美容院的表现。 从小，思思因触觉防御过强（特别是脸部、头部），洗脸于她是很痛苦的事，剪头发、洗头无异是上刀山。每次剪头发，不但全家总动员，还会引来好心的围观者无数。 她的哭叫声怎么听都不像是在剪头发……理发店的人为了避免有虐待儿童之嫌，都不敢接待她。

××××年××月××日　周一

和思思一起来到学校，但见学校张灯结彩，一团喜气。 思思的同学大宇过来，看见我们，两手一握大拇指相对，边比边说："结婚，吃酒！"这才想起假期中讨论单元主题时有一个主题叫参加婚礼。 思思的老师要结婚了，为了顺应这个主题，特把婚礼调整到本期举行。　思思因 IEP 目标里有洗头、剪头不反抗，所以被选为伴娘。　伴娘要打扮得漂漂亮亮的，因此，必须去美容院做按摩、洗面、洗头……下午快放学前，思思的老师说："我们先走，带你去洗头，然后回来开会。"（本单元准备工作时，老师已和一家美容院的老板作了沟通，老板已了解孩子的情况。）

　　思思和老师在前面走着，我和阿姨在后面跟着，有老师壮胆，我心稍安，但还是跟阿姨嘀咕道："妹妹会不会发脾气？"阿姨说："有老师呢！"到美容院门口——这是她第三次跟老师来了，思思开始紧张，两位老师赶紧一边一个，唱着她喜欢听的歌，说着她喜欢听的话，半架半推把她带到了洗发床上，洗头的阿姨赶紧过来把水打开，边洗边给思思讲话。　我一看洗头的阿姨，心安大半，洗头的阿姨长得很漂亮，思思最喜欢看漂亮的女生。　于是也跟着说："妹妹看，漂亮阿姨来了。"在转动方向洗头时，洗头的阿姨也会配合逗思思："阿姨在这边呢。"思思就会转向她的方向，让她洗头。　头终于顺利洗好了，思思并没哭闹。　老师给美容院的老板介绍了我说："下次由妈妈和阿姨带思思来了。"跟美容院的老板道完再见，思思带着一头香气和阿姨笑眯眯地回家了。　我和老师回中心开会，路上，老师说："单元课还会带思思去美容院，但为了巩固一下，以后每周你们还是带她来一次美容院吧。"我说："行。"交接顺利完成。

　　××××年××月××日　周日

　　吃过饭后，思思突然说"化妆化妆"，我有点讶然，还是把口红拿出来了，原来她要我涂，我试着给她涂，她居然没有反抗，乖乖地让我在她嘴上任意涂抹我的口红——这不禁让我回想起第一次给她涂口红，她紧张恐慌的神情，让老师不忍去涂。

　　阿姨拿出几张照片来给我看，原来是她作为伴娘跟老师夫妇的婚纱照。照片上的老师巧笑嫣然百媚生，老师旁边的她，眉一描更翠，唇一点越娇，这还是我那个洗脸都逃避的思思吗？

××××年××月××日　周一

又要去整理头发了，阿姨说："你要忙着开会就不去了吧！ 我一个人行，妹妹现在剪头很乖。"我一想试试也行。 开会时，还是心神不宁，不知思思会不会大闹"美宫"。 开完会，我急步回家，见思思安坐桌前，摆弄她的录音机……我闻着思思的发香，渐渐入梦，幽幽的发香中，婚礼进行曲号角般响起！

××××年××月××日　周日

"射人先射马，擒贼先擒王"，开得门来，思思如此的问候语，让人心惊肉跳，但也欣喜，毕竟多了一种问候的句式。 点歌台里，一阵雄壮的音乐响起：豪气面对万重浪，热血像那红日光……电视机前，与往常不一样的是，思思不是端坐静听，而是随歌起"武"，拳法虽不到位，但专注的神情颇有几分梁红玉击鼓退敌兵的决然。

同来的多年不见的好友问道："学校还教这些吗？"我答道："这学期，为了教会他们了解事件的因果关系，分清是非，并修正错误，学校经过大班全体同学、家长、老师的票选改名为鸣剑山庄，思思是小师妹，为了参加每周的武林大会，正努力地练拳法呢，每当家里有人来，她都会献演一番。"好友赶紧给了思思最最热烈的掌声，思思"武"得更加起劲，谁知因为功底不深，下盘不稳，一招金鸡独立摔翻在地，好友赶紧扶起说道："好棒，下次再练吧！"

××××年××月××日　周日

"思思错了没有？""错了，改了。"一声懦嗫回答。 开门来，看到思思一副落汤鸡模样。 原来，她趁着阿姨去做饭没理她，跑去把热水器打开，边开边笑着看着阿姨，说洗澡洗澡，拿着水笼头对着自己猛冲。 阿姨正在教育她呢。 她则毕恭毕敬地站在原地，听凭阿姨的发落。 什么时候，那个想做什么就做什么，做了就做了，不知认错为何物的思思，变得这般乖巧了，不仅能认错，还能保证下不再犯。 心中不由一阵窃喜，但脸上还得装出生气的模样，再把事件重问一遍，再让她认错一次，加深印象。 换好衣服，做作业，原来作业是法院判案单元，判断事件的对错并打勾。

暑假

思思和阿姨一起来到玩具图书馆，不见往日重逢妈妈的欢颜，也没有想见老朋友的渴望（以往总会边说看表演边第一时间到心语家园去）。 阿姨说散学典礼时，有嘉宾参加，给嘉宾表演节目时，因太忙老师忘了让她表演，所以她闷闷不乐。 我问她，刹时泪飞顿如倾盆雨，忍耐了几个小时的委屈终可得以宣泄。 我只好安慰她说："等妈妈下班后带你去心语家园"，她才收好泪水，边听歌边静静地等着。 晚上，来到心语家园，全体当她的观众，让她过足表演瘾。 她在台上满足地表演着，我在台下静静地看着，思思终于可以试着调控自己的情绪，去接受和忍耐这并不全是美好的生活了。 我的思思慢慢地长大了！

第八章　哦！一年又一年

梁英

一、2000 年的记录

日历翻到了 2000 年，一个数字很特别的年份，三个"零"，所谓道生一，一生二，二生三，三生万物，世间万物由零开始演变发展。在一个看似偶然却又必然的机缘下，重庆师范大学两位从事特殊教育研究的学者张文京老师和许家成老师受一直奉献于特殊教育工作的方武老师和李宝珍老师所邀，到台湾作特教访问。在一次与家长的晤谈中，他们谈到所参观到的一个很特别的地方——台湾高雄智障儿童图书馆，也谈到重庆地区有特殊教育需求孩子的家庭现状及需求，其间陈张克惠女士的慷慨解囊，让未来的"爱心儿童玩具图书馆"（以下简称"爱心"）有了安身立命之所。在对生命充满尊重的海峡两岸各方人士的热切协助下，在重庆市文化局的鼎力支持下，年轻的直辖市——重庆创建了全国首家专为有特殊需求儿童的家庭服务的机构——重庆市爱心儿童玩具图书馆。"爱心"一如这座城市，虽有着浑厚优远的历史，但在这特定的年代和这特定的时期却又如此的年轻，凭着年轻特有的冲劲和热忱，迈着蹒跚的步履，它起步了！

1.小朋友活动→玩具玩法指导

为了让失学在家的有特殊教育需求的孩子，能有丰富的学习生活刺激，我们特别请有一定特教经验的向阳儿童发展中心和重师儿童智能发展中心的

编注：重庆市爱心儿童玩具图书馆是向阳中心和重庆师范大学的特教人员，因应当时许多重庆市特殊儿童无法上学的背景，在沙坪坝区开设特殊儿童的假日活动中心，现因特殊儿童教育康复服务较普及，玩具图书馆已停办，但当时的服务措施仍值得记述与引用。

老师，把玩具依据"双溪课程"分成七大类，再根据七大领域里的各项技能，把玩具作了操作上的难易度的排列，分别放在篮子里，在每个篮子里配上相应的玩具使用说明及所要达到的目标，指导家长使用这套玩具。玩累了，玩烦了，老师还会特别准备音乐、美术、戏剧类的活动，带孩子一起体验艺术的美妙。

2.家长活动→亲职讲座

我们的宗旨是服务家长，也希望"爱心"成为有特殊需求孩子家长的加油站，在这里，家长们彼此安慰，彼此鼓励。当然，更希望家长走出自己的天地，一起为所有有特殊需求的孩子寻找温暖的港湾。由此在这一年内，我们邀请了重庆地区特教界、医学界的专家为家长举办了一场场专题讲座，让家长的亲职能力有所提升。

为了让家长掌握一些基本的引导教育孩子的方法和技巧，我们找到家长最关心的五个主题如：孩子不会说话怎么办？孩子注意力不集中怎么办？……请向阳和重师的资深特教老师针对这五个主题，把他们的教学经验总结汇编成册。在这套小手册里，不仅提出了这五个问题的解决方法，还展示了这五个问题产生的原因，并特别提到解决这五个问题家长所要秉持的观点态度及孩子周围环境的调整配合。

3.义工活动→义工帮助

本着"爱心"要成为大众了解帮助这群特别宝贝的媒介的使命，"爱心"的工作人员除一名常设工作人员外，其余包括馆长在内的工作人员皆以义工的方式来馆服务。在馆长大力热忱的引荐下，开馆不久，我们迎来了第一批定期来馆工作的义工，他们是重庆师范大学外语系的年轻的大学生，从此，每个周末，"爱心"里都活跃着他们年轻的身影。在他们的感召下，到年底，定期来馆服务的义工已增至十多名。

4.特别的一页→宣传活动

烈日下的人民广场分外热闹，今天是助残日，初生牛犊般的我们也汇入到这扬善的洪流中。猛见镁光灯闪烁，原来是市长与现场接受免费装义肢的贫困肢残人士握手庆贺。年轻气盛的大学生义工不禁对记者愤愤然道："我们每天免费为小朋友服务，为何不跟我们握手啊。"记者笑着讶然，反问道："再怎么教，他们也是呆笨的啊，教他们有何用？"我们语短，义工气急，家长受挫。 不是不能答，而是这样的场合，如何答才让大众明白：人因受教而有尊严！ 在功利浮燥的喧嚣中，也有一方净士：广场中一个妈妈正指着我们的宣传画一字一句读给她的女儿听：我们也和你们一样，有快乐需要有人分享，有痛苦需要有人倾听……伸出你的手，你也可以是别人的天使……女儿点着头，满脸凝重。 第一次对大众的宣传活动，在这悲喜交织中完成了。

表 8-1　　　　　爱心儿童玩具图书馆 2000 年六月活动安排表

活动时间	活动形式	活动主题及内容	讲师及主教
6 月 3 日 9:30 — 11:00	亲子教育讲座	如何改变孩子的行为问题(即所谓的不良行为)； 行为问题发生的原因，处理的原则及方法	许家成教授
	儿童音乐活动	活动目的：让孩子了解自己和周围人事物的关系，建立融洽的亲子、亲师关系，透过音乐、乐器及动作表达他内心的情感 始活动：点名→自我介绍→了解天气→了解日期 主活动：动作模仿"请跟我做" 韵律体操：潜海姑娘 节奏练习：小小打击乐队	梁英 戴玉敏
6 月 4 日 9:30 — 11:00	爱心庆生筹备会	活动目的：让孩子有更多的与他人交往的经验 讨论生日会的安排及工作分工	本月两位小寿星及家长
6 月 10 日 9:30 — 11:00	亲子教育讲座	如何进行家庭教育：教育内容的选定原则，教的方法	张文京
	儿童教育活动	游戏活动：孙悟空西天取真经	邹平
6 月 11 日 9:30—11:00	重师宣传画展	在重庆师大进行为期半天的宣传画展，主要介绍特殊需求小朋友的成因特征及特殊教育	全体义工
6 月 17 日 9:30—11:00	亲子教育讲座	如何帮助学习困难的孩子： 学习困难发生的原因，解决的一般性方法	程庆
	儿童教育活动	戏剧活动：放映幻灯片《小飞象》； 小朋友和老师一起表演小飞象	刘芸 吴江南
6 月 24 日	爱心庆生会	按 6 月 4 日既定程序进行	周千勇
6 月 25 日	策划剧本	为七月份爱心演出做准备	梁英、家长

二、2001 年的记录

今年终会成去年，而明年也将成今年。 忙完了与社区小朋友及大学生的元旦联谊会，我们又进入了周年庆的紧张筹备中。 为了让社区的人们更加了解我们，也为了我们能成为社区里自然的一分子，融入社区的活动，我们不仅在玩具图书的使用规则上顾及了服务社区里的小朋友，还邀请了社区的小朋友参加我们的联谊活动。 周年庆时，我们特邀了"重庆好朋友"木偶剧团来我们所在的社区演出，让社区的人们也和我们一起分享生日的喜悦！

当然，我们也没忘记我们最重要的工作：如何让家长和小朋友更好地成长。 经过一年的活动，渐渐地我们更了解小朋友的现况和家长的需求，因此在原来活动的基础上，我们将服务内容作了调整。

1.小朋友活动→个别辅导

我们发现，来馆活动的孩子年龄较小的，大都没有接受过特殊教育。 经过医院诊断后，除了少数经济基础雄厚的家庭，能带着孩子奔赴各大城市寻求其他帮助外，其余大部分小朋友都只能在家"各遂其生"。 他们连基本的生活、学习常规都未养成，而家长想教，却不得其门而入。 因此，我们在玩具玩法指导的基础上，增加了个别辅导，由一个老师对一个小朋友进行针对性的指导，同时也手把手示范给家长看。 小朋友来馆的时间也调整为定期定时，这样我们才能更好地了解家长指导小朋友的情况，以便随时调整指导策略。

2.家长活动→亲职讲座

经过去年一年的主题讲座后，家长对教育孩子及如何管理孩子的行为等方面有了初步的认识。 因定期来馆的小朋友大都为 X 脆性综合症和自闭症，我们又举办了这两类的系列讲座，请医学专家从医学的角度对此进行解释，再请特教老师从教育的角度进行教学辅导示范。

每到月底的周末，都会有一些家长来馆参加读书会，他们不是为孩子而来，而是为分享彼此读书的心得、人生的感悟而来，为自己而来！

3.义工活动→义工服务队

在原有义工的感召和传播下，来馆服务的义工越来越多，因应"爱心"服务内容的增加，我们把义工分成了教学组、教/玩具制作组、资源管理组、义工推广组，并选出了义工队自己的负责人。而教学组的义工，则由重庆师范大学特殊教育专业的同学担任。每次辅导活动结束后，全体教学组的义工都会在一起召开辅导检讨会，就辅导家长和小朋友过程中的问题进行讨论。

每期教学组的义工，都经由这样的流程进入"爱心"的教学活动：观摩辅导活动→团体活动/个别辅导的助教→小组活动的主教→团体活动的主教→个别辅导的主教。

经由这样的流程，特教系的学生把课堂上学到的理论知识，即时地应用到实践中，又在实践中不断地印证理论知识。"爱心"成了特教系学生提前施展才华的舞台。

4.特别的一页之一→爱心儿童中心

小朋友来"爱心"接受老师的辅导，再回到家里接受妈妈的辅导，于妈妈来说是学习教养技巧的好机缘，于小朋友来说终非长久之计，如何让小朋友有一个合适的安置方式，是家长的痛中之痛。经过不断地讨论、磋商，在爱心工作人员的促成下，重庆市第一个由家长自助自组的小型自助式特教中心成立了，他们成为了重庆市第一个家长正式自办特教班——启明星的借鉴和前身，家长们终于开始踏上了团结自救之路。

5.特别的一页之二→寒假外地家长学习班

来馆咨询的家长中，那些来自重庆市区以外的家长则更加无助。在他们的居住地，有些基本没有特殊教育，有些即使有特殊教育，大部分也只接受学龄中年龄较大、程度较轻的孩子，而学龄前年龄较小的孩子的辅导则是一片空白，家长辅导更不知从何谈起。为此，我们特举办了一期为期近半月的外地家长学习班，小朋友的教学活动部分，不仅训练他们的生活、学习常规，（包括注意力、模仿力、听指令等），也注重他们的全面发展，为每位小朋友都拟订了一份个别化的辅导计划，并把这份计划执行的要点及方式悉数教给家长；家长活动部分，则借《Portage 早期教育指导手册》的整个操作，让家长系统了解如何去找到孩子现在的基本点，又如何在基本点上，找出孩子现在要学习的内容，又如何用一些策略和方法让孩子学会这些内容，在这些活动中，如何运用行为改变技术中的一些基本方法，去解决孩子的一些行为问题。

6.特别的一页之三→圣诞义卖

瑟瑟寒风中，重师大勤工俭学广场却人头攒动，分外热闹。 由"爱心"和重师大红岩春秋社联合举办的为"心心中心"孩子募捐的圣诞义卖在此举行。 义卖现场，家长和义工热心地推荐着小朋友自制的、义工自编的或家长选购的物品，重师大的同学在了解了这一活动主题后，热情地倾囊选购着。小朋友好奇地跳着、看着，而记者们忙碌地穿梭着，抢拍着一个个闪光的瞬间，记录下一个个感动的场面……华灯初上，暖暖的灯光，驱散了冬夜的寒冷。 结账完毕，募得捐款 400 元，刚好够"心心中心"两个小朋友的学费，又有两个孩子能继续接受特殊教育了！

表 8-2　　　　　　　　　　　活动通知

活动名称	活动目的	活动时间	人　数	年　龄	老　师
亲子玩具班	1.通过玩具促进其感官知觉能力的发展 2.建立相应的生活学习常规	9 月 15 日—12 月 每周日下午 2:00—4:00	4~6 名	3 岁	梁英 向阳老师 特教义工
亲子游戏班	1.游戏促进其全面发展 2.依据小朋友的能力发展相应的入学常规	9 月 16 日—12 月 每周日上午 9:00—12:00	4~6 名	4~6 岁	梁英 向阳老师 特教义工

续表

活动名称	活动目的	活动时间	人　数	年　龄	老　师
亲子才能班	依据家长的希望及小朋友目前能力,促进其阅读、数学、写字、语言等能力发展	9月15日—12月	4~6名	6岁以后	梁英 外聘有经验的老师 特教义工
家长读书会 (阅读内容: 大脑与行为)	1.家长之自我成长 2.家长间的沟通	9月—12月 每月第一个周六 下午3:00—5:00	5~8名	不限	
X脆性综合症系列讲座	对此状态有系统的了解	9月—12月 每月第二个周六 下午3:00—5:00	不限	不限	有经验的医生 特教老师
自闭症讲座	对此状态有系统的了解	9月—12月 每月第三个周六 下午3:00—5:00	不限	不限	

三、2002年的记录

繁华终将落去,新的挑战又将来临,不管是小朋友的活动、家长活动、还是义工活动,在这一年里都将需要新的跨越!

1.小朋友活动→周末学习班

经由个别辅导的小朋友,已逐步地养成了一些学习常规,渐渐地能加入小组活动中了,可在他们的学习计划里生活自理部分的一些目标却难以完成,为了满足家长的需要和小朋友更全面的发展,在家长自组的义工服务队的配合下,周末学习班开班了。每到周末,小朋友就像到学校一样,高高兴兴背着书包来到图书馆。在这一天里,小朋友不仅要学习一些如何学习的基本能力和学科知识,更重要的是培养良好的生活习惯(如用餐习惯、用餐礼仪)和习得一些生活技能(如洗脸、刷牙、穿衣等)。活动室里,小朋友们跟着老师快乐地学习着。 厨房里家长们分工合作，为小朋友的午餐忙碌着。开饭后，小朋友在老师的引导下彬彬有礼地品尝着百家宴；午休时，在家里衣来伸手的小朋友还得努力学习铺床叠被；起床后，还得自己去洗脸刷牙。

2.家长活动→家长成长团体

经过前两年与家长的互动和沟通，我们发现，即使家长能很好地完成老师的既定目标，但对整个教养知识和教养技巧的掌握，还是稍显零乱，比如更多的家长较注重教孩子知识，更关注孩子语言的发展，而忽略了孩子动作及生活自理的发展。 家长们也不太清楚语言、认知、动作、生活自理、社会行为之间的关联和相互的作用，在养成孩子的一些良好行为上，还是稍显急燥。 因此依据成长团体的活动设计模式，我们设计出家长成长团体的活动主题、活动目标和活动过程。 我们借由带领家长整理《Portage 早期教育指导手册》，设计侧面图，让家长对孩子在各个领域的发展顺序有一个清楚的了解。

表 8-3 家长活动表：做个快乐的爸爸、妈妈——家长活动一览表

第一主题:他(在)哪里 目标:1.了解儿童发展心理学 2.了解孩子目前的能力				
2 月 25 日上午	3 月 4 日下午	3 月 11 日下午	3 月 28 日下午	3 月 25 日下午
第一单元:相见欢	第二单元:你是我永远的宝贝	第三单元:我们这样长大一	第四单元:我们这样长大二	第五单元:懂你
目标:相互认识,了解培训家长目的,制订相应规则	目标:了解孩子发展现况,希望他发展的方向	目标:了解儿童发展顺序	目标:了解儿童发展顺序	目标:重新调整发展方向,找出下阶段可能的最佳发展
第二主题:怎么办 目标:了解辅导孩子的原则、行为改变技术及应用				
4 月 1 日下午 1:30	4 月 8 日下午 2:00	4 月 15 日下午 2:00	3 月 25 日下午 1:30	
第一单元:最佳拍挡	第二单元:心与心的对话	第三单元:超级乖宝宝一	第五单元:超级乖宝宝二	
目标:了解辅导孩子的一般原则	目标:了解行为功能及行为改变技术	目标:逐步养成良好行为的方法及应用	目标:逐步减少不良行为的方法及应用	

第三主题:重振旗鼓　目标:1.家长自我调适		2.合理使用资源	
5月6日下午1:30	5月13日下午1:30	5月20日下午1:30	4月27日下午2:30
第一单元:往事可回首	第二单元:快乐的一天	第三单元:爱心在线	第四单元:真爱无敌
目标:澄清以往的教育观念,树立积极的教育态度	目标:了解自我调适方法、家庭调适方法	目标:寻求及建立支持网络(了解相关法令等)	目标:三个主题整合

3.义工活动→义工规则

为了尽可能地发挥义工的特长和调动他们的积极性，我们不仅在义工的报名表上清楚地反馈他们的想法，还组织他们参观教育博物馆，寻找先辈教育家的足迹。 并且还采用团体互动式讨论模式，制订出了义工队手册、义工队活动规则、各组长工作职责、各组工作计划，并经由互动模式选出了队长和组长，在每月定期的例行会上，各组相互通报工作近况及需要协调之处。渐渐地形成了一个有工作效率的义工团队。 也因此顺利地完成了教学组2000级特教系和2001级特教系义工的工作交接，使"爱心"小朋友的教育活动不因义工的毕业而受影响。

4.特别的一页之一→暑假学习班

应寒假班家长的要求，满足重庆市区常来馆活动的家长的需要，我们决定在暑假举办为期一周的活动班，依据来报名孩子的发展情况及这个班在时间上有连续性的特点，我们把小朋友的学习内容定为对刺激有反应、有学习动机、静坐等待、遵从简单指令、工作程序、合群性，并以这几个为向度，设计出记录和评估小朋友活动的评估表。 为了便于家长掌握教学技巧，我们还特别以蒙台梭利教具制作原理为依据制作出了角落活动的教具。 而家长很难得有一段这么长的连续的时间，探讨孩子的问题，因此此次活动班家长活动部分，以讨论式为主，就亲子教育的理念、教养方式，及如何管理孩子的行为等方面进行讨论。 每一位家长在每一个主题下，提出自己所面临的问题和困扰，其余家长则帮助他找到相应的解决方法和解决策略。 为了让孩子们远离城市的喧嚣，投入大自然的怀抱，体验大自然的奥妙，我们特把班址选在了临峰山的受评山庄。 山庄的一周，为每位活动班成员印下了人生中一个美妙的片段。

5.特别的一页之二→圣诞义宴

当圣诞雪静静降落凡尘人间，我看到了天使的翅膀。 在重庆市爱心儿童玩具图书馆特别举办的"圣诞爱心义宴"上，一群圣洁美丽的小天使，拍动着天使的翅膀，给寒冬绘出了冬日暖阳。

那天，天使们带着自己的画、自己的歌、自己的诗与舞蹈隆重登场。 这是他们第一次登上舞台，向观众展现风采。 在属于自己的舞台上，天使们尽情歌舞，一切显得如此自然与和谐。 灯光闪耀中，小画家们画的小口哨、动感小汽车仿佛活动了起来，嘀嘀响、轰隆跑；舞精灵那充满稚气童趣的舞蹈在阵阵掌声中越发欢快，与时尚动感的劲舞相映成趣；小小歌唱家的清脆歌声、小诗人的朗诵将晚会表演推向高潮……

当晚会奏起柔和温馨的乐曲时，头戴红色圣诞小帽的小天使们齐齐跑上台，为伟大而亲爱的妈妈献上鲜花与圣诞的祝福。 灯光摇曳，簇簇康乃馨花中，一张张带泪还笑的脸上，满是无限的爱意与温暖。 那一刻，眼泪竟是甜的，我真的看到了天使的翅膀！

爱心儿童玩具图书馆自成立两年半来，一直在善心人士的热情资助下，免费为重庆地区和部分重庆以外地区有特殊需求的孩子和家庭提供服务。 为了给孩子们找到更多的资源，也为了让社会上有心帮助别人的善心人士表达一份对有特殊需求孩子的关怀，更为了让有特殊需求的儿童有一个展现自己风采的舞台，爱心儿童玩具图书馆特在圣诞夜与南坪九天鹅肠火锅酒楼合作，共同举办了这次圣诞义宴晚会，当晚包括重庆市文化局、市少儿图书馆、新桥医院、儿童医院等重庆社会各界人士共三百多人参加了"爱心义宴"。 力帆的付兵也以个人身份参加了此次义宴，让球迷义工开心不已。

四、2003 年的记录

一年又一年，我们慢慢成长着、痛苦着、反思着、快乐着……

家长一定要成为另一个特教老师吗？ 他们不教孩子谁来教呢？ 家长一定要为了孩子而失去自我吗？ 义工一定只能由充满年轻活力、未蒙世事尘埃的大学生担当吗？ 那些已习惯以薪资、地位等来体现个人价值的人们，真的不能以一种帮助别人的方式来体验另一种人生吗？ 人们对这群人保持的冷漠、轻视，是因人的不知还是人性使然？ 一沙一世界，小小"爱心"竟也包罗着人生百象。

1.小朋友活动之一→固定的服务模式

经过几年的运作，"爱心"已形成了一个较为固定的服务模式。

转介：新生来馆咨询，我们会视小朋友情况和家长需求进行相应的转介服务。 如转介至相应的医院、特教机构、训练机构或提供一些相应的安置建议。

咨询：外地的家长或没有固定时间来馆的家长则视其情况提供一月或几月一次的教育咨询，并提供相应的小朋友的学习计划。 需要来馆接受服务的视小朋友需要和家长的时间，分别进入三个月为一期的个别辅导、小组活动及周末活动班。

2.小朋友活动之二→到宅服务

近来社会及家长对有特殊需求儿童的早期发现、早期介入愈来愈重视，但重庆地区各类专业人员仍相当不足，大部分0~6岁小朋友在医院得到诊断和鉴定后，后续的服务，除了单一的药物治疗外，其余包括教育在内的部分仍不尽如人意。 真正能在发现幼儿有发展障碍之初，第一时间即得到完整服务的个案基本没有。 一段时间以来，到爱心儿童玩具图书馆来的小朋友的年龄层逐渐向小的方向扩展（约一岁左右甚至更小），但他们在路上辗转颠簸的时间较长。 年龄稍大的小朋友，往往因幼儿园老师对有特殊教育需求小朋友的各种状况了解太少且缺乏专业技能，而将小朋友拒之门外，小朋友只好整天在家与阿姨或祖母、祖父在一起。 即便家长费尽心力让小朋友入托，最终也只不过变成随班就坐。 因此，"爱心"开始增加了早期教育中的一种服务模式——到宅服务。 以期经过这样的模式，找到各专业包括医疗、康复、普通教育、特殊教育、社会资源等整合起来为小朋友提供全面服务的突破口。 当然更期望经由这样的模式，让有特殊需求孩子的家庭在专业老师指导下，以更有效的方式来面对孩子的问题，认清问题的主要核心，继而运用家庭本身、社会环境的资源来寻求解决之道，提升家庭在以上方面的能力，从而达到家庭幸福的心理层次。 目前，经过近半年多的尝试，在不影响"爱心"固定活动的情况下，已有六个家庭得到了这样的服务。

因向阳老师的加入，"爱心"开始了不定期为脑瘫小朋友提供动作辅导的服务，服务对象更全面。 迄今为止"爱心"服务了身心障碍中的各类型的小朋友，他们中有临界的，有轻度的，当然也有重度的。

3.家长活动→家长成长课程

一次问卷调查让我们了解到，平常我们教给家长的技能，我们以为家长都会了，结果却发现是我们的一厢情愿。 中间可能少了两个关键的机制：一是评估系统及评估依据，二是对家长特质的系统了解。 虽然在与家长的沟通交流中，我们也注意到不同特质的家长，应用不同的沟通方式和不同的技术转移方式（把我们的特教技术转教给家长），但没有做系统的整理，以至对家长的特质的了解凭着直觉进行，由此设计出的家长活动总不尽如人意。 回想开馆之初，杨元享老师的建议："带领家长活动是一种方式，但更重要的是，经由活动架构出一套家长成长课程。"谆谆教诲虽不敢稍忘，但却疏于行动，每遇活动受阻，常自责于心。 恰好暑期进修了团体互动式讨论模式，在重师大徐胜、沈剑娜二位研究生的加盟下，经由"爱心"家长的修订，集集体智慧，家长成长课程雏形和家长特质一览表终成型，并已用于到宅服务的资料收集里。

4.义工活动→与高校义工社团合作

来馆的义工在经过前几届不断修订的义工手册的规范下，已形成了一个较自律、自主的义工团体。　也由此我们开始了和一些高校的社团的合作，比如与重庆大学红十字协会合作举办特殊教育的专题讲座，通过医疗人员、特教人员、家长、身心障碍者本身的现身说法，让人们了解特殊教育是什么，这群人需要什么样的帮助，我们应该怎样对待他们……通过这样的形式，让特殊教育让越来越多的人熟悉！

后记：生态导向课程的呼唤

　　向阳儿童发展中心每年在受评山庄举办培智教育咨询教师工作营，一年一期，到 2019 年已经办了 23 期，这是全国唯一在讲特殊教育课程论时讲到"生态导向课程"的一个研习班，因为向阳应该是国内真正实验过这种课程模式的特教机构。本书出版时，我回看了工作营的生态课程的讲义，发现只有薄薄一页，但是它把生态导向课程的精髓全包括在里面了，讲义是这么印的：

　　生态导向课程：一种新的课程观

　　(1)课程是生命体、有机体，是逐步发展的

　　(2)课程的成果导向健康优质的生态生活（＊1），并促进人与环境的持续发展

　　(3)课程的内容是人与环境互动的过程，包含有利于人与环境永续发展的知识、技能与态度

　　(4)课程运作的方式符合人类学习的实态（＊2）

　　(5)强调身心障碍者（或环境中之任何一生命）是环境生态中不可或缺的一环

　　＊1 · 拥有健康的阳光、空气、水、绿色植物等

　　　　· 拥有健康的食品、用品

　　　　· 拥有最多的生命互动与呼应

　　　　· 符合自然规律、人性化的生活节奏

　　　　· 依据生态法则设计工作／生产方式

· 消耗最少的资源及产生最少的废弃物

· 建造互相依存的生态小区或农家

*2 · 演化一个能支持各种生命成长的环境

　· 在环境中生活,在环境中学习

　· 有意义地学习,主动参与

　· 统整学习,贯通学习

　· 融合生活、工作、学习、游戏

　· 开放空间和时间

　· 过程导向,步步为营

　· 各司其职,只取所需,相互合作

　　讲义上的两个小星星,一个标示了生态导向课程最后想导向的理想生活场景,第二个小星星指明了现在特教可以经营教学的部分,言简意赅,但是也只能让参加研习的特教老师们对这种课程模式有所耳闻, 心向往之! 至今也没有哪所特殊教育机构勇于尝试探索这样的课程模式,但是我们却常听到有些家长或机构,声称想要创办一个生态农场,让成长或老化以后的身心障碍子弟在其中生养,认为接近泥土、体力劳动,是对身心障碍成人最好的终生安置。 我觉得渴望自然、亲近原野是人之常情,也是感觉幸福自由的源泉,但是如果没有从小的生态导向教育的培育,怎么可能老后自然导向与农园、与生态的亲近? 大家看了本书,就能明白何谓生态导向的特殊教育,以及如何导向生态的教育作为。 如果没有从小浸淫在这样设计经营的课程模式中,怎么会产生与周遭可以互荣互赖的生活?

　　我相信亲近自然、回归生态、善与更多生命互动,是身心障碍人士的绝佳选择,但是那需要相关人员做出长远规划经营。 生态是演化出来的,不是突然造就的,演化需要时间,需要过程,需要更多生命的加入! 我希望此课程探索经历的出版,能给对障碍人士的终生幸福有梦想的专业同行和家长们一条实现梦想的路线图，盼望未来的特殊教育中，生态导向课程能成为除功能性与发展性课程之外的第三个课程选择！大家不再陌生，不再畏难！这样一个能与万物共存、欣欣向荣的生态生活，才有可能是身心障碍人士和相关人等可以安身立命的优质选择！